Jürgen Kaiser

Warum Schwaben die besten Köche sind

Streifzüge durch die schwäbische Küche

Edition
Gemeindeblatt

Bibliografische Information der Deutschen Bibliothek:
Die Deutsche Bibliothek verzeichnet diese Publikation in der Deutschen National-
bibliografie; detaillierte bibliografische Daten sind im Internet über
http://dnb.ddb.de abrufbar

Copyright © 2009, Verlag und Buchhandlung der Evangelischen Gesellschaft GmbH, Stuttgart. Edition Gemeindeblatt.
Augustenstr. 124, 70197 Stuttgart, Telefon 0711 60100 0, Fax 60 100 76
www.verlag-eva.de

Typografie und Satz: Rudi Kern, Kirchheim / Teck
Umschlaggestaltung und Illustration: Uli Gleis, Tübingen
Druck: Druck- und Medienzentrum Gerlingen GmbH, Gerlingen

ISBN 978-3-920207-37-7

Inhalt

5

Vorwort

»Wenn es Bruder Leib gut geht, freut sich Schwester Seele«

Einfacher und pointierter als in dieser alten schwäbischen Klosterweisheit lässt sich die gesamte Psychosomatik wohl nicht zusammenfassen. Essen ist mehr als bloße Nahrungsaufnahme. Obwohl: Den Menschen nach dem Dreißigjährigen Krieg ging es erst mal nur darum, überhaupt Nahrung zu finden. Aber schon bald drängte es sie, nicht nur einsam herumzuschweifen und satt zu werden. Sie suchten nach Gemeinschaft. So wird z. B. aus dem Ort Sasbachwalden berichtet, dass ein einsamer Mann im Frühjahr 1649 – also ein Jahr nach dem Ende dieses furchtbaren Krieges mit Mord und Totschlag, Pest und Seuchen – im Weinberg des völlig niedergebrannten Dorfes wieder angefangen hat, Pfosten für den Wein einzuschlagen. Nicht lange damit beschäftigt, hörte er die Hammerschläge eines anderen, der, so vermutete er, wohl das Gleiche tat. Er suchte ihn und ging dabei dem Klang der Hammerschläge solange nach, bis er ihn endlich fand. Als sie einander sahen, legten sie die Hämmer nieder und der eine sagte: »Der alte Gott lebt noch!« Gemeinsam setzten sie die Wiederaufbauarbeiten fort. Die Einzellage mit Spätburgunder heißt heute noch so: »Alde Gott.«

Essen strebt nach Gemeinschaft. Im Mittelalter aßen die Männer gemeinsam in ihren Zunfthäusern. Ihre Frauen warteten zu

Hause mit den Kindern, Mägden und Knechten. Noch in der Stauferzeit wurde kein Handel getätigt, kein Vertrag geschlossen oder eine politische Strategie besprochen, ohne gemeinsam zu essen. Da hatte man keine Wahl. Ein Essen abzulehnen, wurde als tödliche Beleidigung verstanden. Die Einladung wurde angenommen, indem man sich die Hand gab – und so gleichzeitig zeigte, dass man keine Stichwaffe trug.

Im 18. und 19. Jahrhundert aß die Familie gemeinsam aus einem Topf oder einer Pfanne. Jeder hatte dafür seinen eigenen Löffel, den er bei sich trug. Den schleckte er nach dem Essen ab und nahm ihn wieder mit. Auch beim Bartschneider und Friseur konnte man seinen Löffel gut gebrauchen. Die zahnlosen alten Männer schoben ihren Löffel umgekehrt in den Mund, so dass der Barbier zum Rasieren eine glatte Haut vorfand. Weniger Schnittwunden waren die angenehme Folge. So wurde die Natur ausgetrickst und die Wendung »Über den Löffel barbieren« zum Synonym für »Jemanden austricksen«.

Essen hat aber auch etwas Mystisches, etwas Geheimnisvolles. Viele Menschen können kein Essen wegwerfen. Das kommt nicht nur aus der Erfahrung von Armut. Besonders beim Brot zeigt sich das. Brot wegwerfen ist ein Tabu, eine Sünde. Denn das Brot erinnert an das Brot des Lebens, und so beschreibt sich bekanntlich Jesus von Nazareth. Und durch seine besondere Art das Brot zu brechen, wurde er nach der Auferstehung von seinen Jüngern als der erkannt, der er war: Als ein Gott zum Anfassen, zum Begreifen. Und nicht zufällig fielen beim letzten gemeinsamen Mahl die Worte: »Dies ist mein Leib.«

Kein Wunder also, dass in schwäbischen Klöstern beim gemeinsamen Mahl immer ein Platz für Jesus von Nazareth gedeckt ist. Er könnte ja just beim Vespern wieder erscheinen. Allerdings ist das keine Erfindung der Mönche allein. In strenggläubigen jüdischen Familien ist bis heute immer ein Platz für den vom Himmel zurückkehrenden Elia frei gehalten. Das mönchische Verhalten ist also gute biblische Tradition.

Dieses Buch beschreibt vor diesem Hintergrund die traditionellen schwäbischen Speisen. Die Kochtipps und Rezepte sind erprobt. Doch jede kochende Schwäbin und jeder kochende Schwabe weiß natürlich, wie es anders noch besser geht. Die schwäbische Küche ist und bleibt in Bewegung. Ich selber bin immer noch auf der Suche nach dem ultimativen schwäbischen Kartoffelsalat. Ich weiß genau, wie er schmecken muss, und ein paar Mal war ich tatsächlich schon sehr nahe dran – immer bei Kartoffelsalat von echten Schwäbinnen. Ich bleibe weiterhin auf der Suche.

Warum Schwaben die besten Köche sind? Weil sie gelernt haben, aus Nichts noch Etwas zu machen – »aus Nix ebbas auf'n Tisch brenga«. Die schwäbische Küche war immer eine »Arme-Leute-Küche« und kann und will diese Herkunft auch nicht verleugnen. Kochbücher gibt es viele. Wer aber wissen will, woher die schwäbischen Leibspeisen kommen, für den ist dieses Buch genau das Richtige.

Dieses Buch ist in nächtlicher Arbeit entstanden. Und so lagen die einzelnen Artikel frisch ausgedruckt immer auf dem Frühstückstisch meiner Frau Christine. Sie war und ist meine erste und größte Kritikerin. Deshalb sei Ihr besonders gedankt. Danke sagen möchte ich auch meinem Freund Dieter Skubski, schwäbischer Genießer mit Herz und Seele, der erste Korrekturen las. Mein Dank gilt ebenfalls meinem Verleger Bernd Friedrich, der den Mut hatte, dieses Buch unbedingt machen zu wollen, Cornelia Fritsch für ihr ermutigendes Lektorat und Uli Gleis für seine phantasievollen Zeichnungen.

Widmen möchte ich dieses Buch meiner Tochter Ann-Katrin, die an ihrer Uni im nicht-schwäbischen Ausland einen studentischen Kochclub gegründet hat, der großen Zulauf findet. Dort wird sie als Schwäbin immer darauf angesprochen, was denn typisch schwäbisch sei und wann sie denn endlich mal etwas Schwäbisches für alle kochen würde. Voilá, jetzt sollte es möglich sein.

Feuerbach, Pfingsten 2009   Jürgen Kaiser

Des isch besser als a Gosch voll Glufa

[des iʃ bɛsɐ als a goʃ fol glu:fə]

Schwäbische Küche in Raum und Zeit

Glufa sind Stecknadeln – und ein Mund voll Stecknadeln? Egal, was es zu Essen gibt. Besser als ein Mund voller Stecknadeln dürfte es allemal sein. Trotzdem ist dieser Ausdruck ein hohes Lob für ein gutes Essen – wenn es ein Schwabe sagt. Weil zum Essen sagt er eigentlich nicht viel. Und Lob kommt ihm schon gar nicht über die Lippen.»I denk mir mei Sach!«. Wie es in einem Schwaben aussieht, geht niemanden etwas an.

Wenig ist über die frühen Schwaben – die Alemannen – im Volk bekannt. Die Erkenntnisse der Archäologie sind da noch nicht so richtig durchgedrungen. Noch bevor sie richtig im Süden sesshaft wurden, waren sie als gute Viehzüchter bekannt. Theoderich der Große – der saß immerhin in Ravenna – empfahl seinen Ostgoten, ihre kleinen Ochsen gegen die größeren der Alemannen einzutauschen – wegen der guten Fleischqualität. Nebenbei bemerkt: Ein guter Rostbraten ist aus Ochsenfleisch.

Sesshaft in Süddeutschland bauten die Schwaben Hafer, Emmer und Feesen (Dinkel) an. Aus Hafer und Emmer brauten sie ihr Bier und kochten ihre Suppen, aus Dinkel buken sie ihr Brot und machten Knöpfle und später ihre Spätzle daraus. Hafer gibt es heute nur noch für Pferde. Der Emmer – auch Zweikorn genannt – ist nahezu ausgestorben. In der Toskana ist er als Zweikornsuppe (»zuppa al farro«) eine regionale Spezialität. Der

Dinkel ist wieder im Kommen. Nicht nur in Bioläden. Wer wissen will, was seine Vorfahren gegessen haben, sollte mal Spätzle aus Vollkorndinkelmehl machen. »Interessant! Aber brausch nemmer macha!«. »Interessant«, sagt der Schwabe zu einer Sache, die ihm nicht schmeckt. Aber höflich, wie er gelegentlich auch sein kann, will er das nicht allzu direkt sagen.

Während der Zeit der Staufer wurde der Ackerbau ausgebaut. Flächen wurden gerodet, da die Bevölkerung ständig wuchs. Im Zuge der Staufer zogen viele kleine Adlige – Ministerialen – mit den Kreuzzüglern ins Heilige Land und brachten von dort Kulturgüter mit. Seife zum Beispiel. Und die Zwiebel. Lange Zeit wurde sie als »Stinkwurz« bezeichnet. Einer der Großen des Landes, Albertus Magnus (1193-1280), schrieb ein Buch mit dem Titel »De Vegetabilibus – von den Pflanzen«. Er beschreibt darin die Gemüsearten des Landes: Gurken, Kohl, Rettich, Sellerie, Petersilie und Spinat. Auch von Kräutern schreibt er: Salbei, Borretsch, Majoran, Lavendel, Schnittlauch und Knoblauch. Die Mönche mit ihren Klostergärten hatten bereits Kulturarbeit auf dem Lande geleistet.

Doch über Jahrhunderte unterschied man zwischen »Herre'essa« und »Baure'fresse«. Ließen es sich die vielen kleinen Dorfadeligen gut gehen, kam bei den Bauern nur ein Brei auf den Tisch. Außer an Hochzeiten. Der schwäbische Pfarrer Sebastian Sailer (1717-1777), aus dem Dorf Dieterskirch in Oberschwaben, schildert ein solches Hochzeitsmahl so:

»Subba, Kraut ond Kuttelfleck,
scheene grauße Stücker Speack,
Zwetschga, brotne Gä's ond Daube,
Schnitta, Schtrauba, Bauraküchle, Oyerbraud,
Rüeba, Rendfloisch, Sulz ond Reis,
gäle Brotwürscht,
süaße Schbeis,
duad ma lästerlich viel auftraga ...«

Dabei war er im katholischen Oberschwaben. Da gab es schon immer viel mehr als im armen evangelischen Schwaben auf der Alb. Aber auch dort griff immer wieder die Obrigkeit ein und verbot das üppige Hochzeitsessen. Mit wenig Erfolg. Auch wenn man Strafe zahlen musste. Die wurde einfach mit hineingerechnet in das Geld, das der Brautvater zu bezahlen hatte.

Bei den Hochzeiten wurde freilich unterschieden zwischen dem engen Verwandtenkreis, der eingeladen war und nichts zu bezahlen hatte, und den vielen anderen, die darüberhinaus kamen. Ihnen wurde gleich beim Eintritt in die Gaststube ein Obolus abgenommen – sie bezahlten also für das Essen. Ein Brauch, den es noch bis in die 60er Jahre in Schwaben gab. Wer eingeladen war, aber nicht zum engsten Kreis gehörte, bezahlte seine Mahlzeit. Dann allerdings war es Sitte, dass man nichts übrig ließ. Und war dennoch etwas übrig, weil man einfach nicht mehr essen konnte, nahm man es eben mit heim. »Esset ond trenkad ond schiabet auch ei!«, heißt es noch heute. Dabei galt das schon früher als Unsitte. In unzähligen Hochzeitsordnungen wurde das verboten – wenn auch ohne Erfolg. Aus Lauingen von der Schwäbischen Alb ist eine Hochzeitsordnung von 1612 erhalten, in der das Mitnehmen von Lebensmitteln bei 15 Kreuzer Strafe verboten war. Ohne Erfolg übrigens, was spätere Anzeigen vor dem Kirchenkonvent belegen.

Die Schwaben waren also für ihr Essen bekannt. Gutenberg druckte 1455 – also noch vor der Reformation – seine erste Bibel auf Lateinisch. Schon 1485 wurde das erste Kochbuch der Welt gedruckt – von Peter Wagner in Nürnberg. Er druckte nach einer alten schwäbischen Handschrift.

Wenn das kein Grund ist, »helenga« stolz zu sein. Das erste Kochbuch der Welt – ein schwäbisches Kochbuch.

Wie sag' i's ihr blos?

[vi: za:g i:s i:ɐ blo:s]

Die Brezel – das schwäbische Nationalgebäck

Schwaben tun sich schwer damit, ihre Liebe in Worten auszudrücken. Einst taten sie es mit einem Apfel, ab dem Mittelalter mit einer Brezel. Unsere alemannischen Vorfahren hatten es noch relativ einfach, eine Liebeserklärung abzugeben. Der Verliebte reichte seiner Angebeteten schlicht einen Apfel. Nahm sie ihn an, sagte sie ihm damit: »Ich liebe Dich auch!« Nahm sie ihn nicht an, war auch alles klar – »älles g'schwätzt«. Man hatte sich einen sprichwörtlichen Korb geholt. Diese bildhafte Redensweise kam erst im Mittelalter auf. Damals ließen die Mädchen ihren Freiern einen Korb vom Fenster hinab, in den sie sich setzen mussten. Dann wurden sie hochgezogen. Waren sie allerdings nicht willkommen, war der Korbboden gelockert und der Freier fiel durch. »Durch den Korb fallen«, so beschrieb bereits Martin Luther dieses Verfahren.

Die alten Alemannen hatten es da einfacher. Der Apfel entschied alles. Galt er doch bei ihnen als Fruchtbarkeitssymbol – mit ihm behängten ihre Nachfahren im 15. Jahrhundert die ersten Christbäume. Noch in der Stauferzeit beschrieb man ein Mädchen, das noch nicht aufgeklärt war, mit den Worten »Sie hat des Apfels Kunde nit«. Trotz soviel Symbolik musste der Schwabe irgendwann mit Worten seine Gunst bezeugen. Aber das fiel ihm schwer. »Ich liebe Dich« sagt heute noch kein Schwabe. Das Maximum ist: »Du, I mog di«. Mehr geht

einfach nicht. Aber damit ist ja eigentlich auch schon alles gesagt.

Dann gibt es da noch die Geschichte mit der Brezel. Interessant ist für Volkskundler, dass die schwäbischen Burschen in der Walpurgisnacht ihren Angebeteten eine Brezel an die Haustür oder aufs Scheunentor malten. Was die Väter mit Ingrimm sahen und mit viel Mühe wieder abwaschen mussten. Aber nun war klar: Irgendwas war los und auf die Tochter musste man in Zukunft besonders aufpassen. Die Brezel diente als eindeutiges Fruchtbarkeitssymbol.

Historisch gibt es die Vorform der Brezel seit über 1000 Jahren. Sie entstand in den Klöstern und geht auf ein griechisches Ringbrot zurück. Bei den Orthodoxen wurde es als Symbol der Dreieinigkeit zum Abendmahl gereicht. Mit der Klostertradition des oströmischen Reiches kam es auch in den Westen. Dort vermengte sich das Dreieinigkeitssymbol mit alten alemannischen Bedeutungen zum Fruchtbarkeitszeichen. So wurde besonders zu Neujahr eine große, süße Brezel gebacken. Sie sollte Fruchtbarkeit und Liebesglück im neuen Jahr bringen. Ein süßes Gebäck war etwas Besonderes. Denn es gab noch keinen Zucker. Die Süße kam allein durch damals noch kostbaren und seltenen Honig. Ihn konnte sich eigentlich nur der Adel erlauben. Kein Wunder also, dass die Klöster die Imkerei förderten und ausbauten, um an den süßen Honig zu kommen. Gerade um Neujahr nahmen sich dann die Bäcker den süßen Brezeln an und verkauften sie im ganzen Land. In der Kirche gesegnet, verhießen sie die Fruchtbarkeit von Tieren und Menschen auch im nächsten Jahr. Kein Wunder, dass die Bäcker in Schwaben die Brezel zu ihrem Markenzeichen erkoren haben. Das Brezelschild an den Backstuben findet sich überall im Ländle. Auch der Brauch der großen, süßen Neujahrsbrezel hat sich bis heute erhalten.

Natürlich ranken sich um die Entstehung der Brezel einige Legenden.

Graf Eberhard im Barte, Württembergs geliebter Herr und Gründer der Universität Tübingen, der in Urach im Schloss residierte, soll einmal einen Bäcker wegen übler Nachrede zum Tode verurteilt haben. Aber er gab ihm noch eine Chance: »Wenn Du mir bis zum Morgengrauen ein Gebäck schaffst, durch das die Sonne dreimal scheint, bist Du frei«, versprach der Graf. Der verzweifelte Bäcker sah seine Frau an, die in der Gerichtsverhandlung mit dabei war. Sie hatte ihre Arme ineinander verschlungen. Daran erinnerte er sich in der folgenden Nacht und formte in Gedanken die verschlungenen Arme seiner Frau – zu einer Brezel. Sofort verlangte er, in die Backstube geführt zu werden. Am Morgen, als die Sonne aufging, zeigte er dem Grafen seine Erfindung. Dieser war begeistert und schenkte ihm die Freiheit. Der erste Brezelbäcker Schwabens nahm seine Arbeit auf. Garniert wird diese Legende noch mit der Bemerkung, dass die verschränkten Arme seiner Frau auf lateinisch

»braecula«, Ärmchen, hießen und so der Name der Brezel entstanden sei.

Eine andere Legende verweist auf das berühmte schwäbische Kloster Reichenau. Die Insel Reichenau mit ihren Klöstern war im sehr frühen Mittelalter der Ausgangspunkt der Christianisierung im Süden Deutschlands – zu einer Zeit, als im Norden noch heidnische Stämme herrschten. Kein Wunder also, dass die Reichenau den Titel »Mittelpunkt der Welt« trug und als Ausgangspunkt des christlichen Abendlandes in Deutschland bezeichnet wird. Nach dem Muster des Klosters Reichenau wurde z. B. auch das Musterkloster St. Gallen in der Schweiz errichtet. Dort nun grenzten Bäckerei und Brauerei aneinander. Die Fastenzeiten wurden sehr streng eingehalten – vor Ostern und im Advent gab es also kein Fleisch. Weil aber Fisch kein Fleisch war und Bier in den Regeln des alten Klostergründers Benedict nicht erwähnt ist, er hatte es schlicht noch nicht gekannt, wurden Fischteiche und Brauereien angelegt. So gab es Fisch und Starkbier auch während der Fastenzeit. Fisch als Fastenspeise hat bis heute Bestand und auch der Starkbieranstich ist noch immer Tradition. Die Starkbiere bekamen damals alle lateinischen Namen. Noch heute lassen sie sich gut an der Endung »-ator« erkennen (z.B. Salvator). Aber Vorsicht: Der hohe Alkoholgehalt macht das Starkbier süffig und süß.

Während der Fastenzeit standen die Mönche nun an der Brauerei an, um ihren täglichen Trunk abzuholen. Gemäß den Sitten standen sie Schlange mit verschlungenen Armen. Dies wiederum inspirierte den Bäcker. Er nahm sich einen Hefeteig und bildete die verschränkten Arme der Mönche nach. Anschließend tunkte er ihn in Lauge und bestreute ihn mit Salz – fertig war die Brezel, die zum Bier hervorragend schmeckte. Da die verschränkte Armhaltung im Klosterlatein »bracchium« genannt wurde, hatte die Brezel auch schnell ihren Namen. In der Folge trat sie ihren Siegeszug um die Welt an. Wohl auch deshalb, weil das Kloster zu St. Gallen Vorbild wurde für die andere Klöster in Schwaben, Bayern und der Schweiz.

Schwaben sind Tüftler und Erfinder. So haben sie sogar eine Brezel-Schlingmaschine erfunden, die heute in allen Groß- und vielen Kleinbäckereien ihren Dienst tut. Nur noch selten werden Brezeln mit der Hand geformt. Wenn es ganz billige Brezeln gibt, ist sogar damit zu rechnen, dass der Teig – und eventuell sogar die Backrohlinge – tiefgefroren aus Asien importiert sind. Das nennt sich dann Globalisierung! Die Schwaben bauen die Backstraßen mitsamt Brezel-Schlingmaschinen, exportieren sie weltweit, importieren den fertigen Teig oder sogar gleich die Brezelrohlinge, tauchen sie dann in Lauge und backen sie im Back-Shop fertig. Denn die Lauge muss sein, ist aber in vielen Teilen der Welt – etwa in England und den USA – für die Lebensmittelproduktion verboten.

»So isch's no au wieder«, sagt der Schwabe, bestreicht die halb aufgeschnittene Brezel dick mit Butter (Margarine wäre hier selbst für den geizigsten Schwaben ein Frevel, wobei es »des in der Not au duat«) und trinkt dazu seinen geliebten trockenen Trollinger.

Schwäbischer Blähboy

Der Wurstsalat zwischen
Protestantismus und Katholizismus

Oh Jerum! Da saßen sie in der schwäbischen »Boiz«, tranken Viertele und aßen schwäbischen Wurstsalat. Mit viel Zwiebeln. Sogar mit sehr viel Zwiebeln. Der schwäbische Flaschnermeister (woanders sagen sie »Spengler«) hatte Hunger. Er verschlang seinen Wurstsalat und gönnte sich einige Viertele. Die Reden waren hitzig, die Luft auch. Wie immer ging es um die Zukunft des Handwerks und um den VfB. Eingeklemmt auf seiner Eckbank, gab er ein Geräusch von sich, über das alle anderen diskret hinweghörten. Nur die Nasen nahmen am Geschehen teil. Als einer die Augen verdrehte, sagte der Freund des Flaschnermeisters: »Was soll's? Mei Freind isch halt en echter Blähboy!«

So ein schwäbischer Wurstsalat hat es in sich, schon beim ersten Anblick. Denn früher bestand der nur aus Schwarzwurst, also getrockneter Blutwurst. Die fällt beim Hausschlachten an, da das Blut der geschlachteten Sau nicht weggekippt wurde. Dazu war es viel zu wertvoll. Man machte Metzelsuppe draus – und zusammen mit Grieben und Gewürzen eben auch Schwarzwurst. Die ließ man trocknen, in einigen Gebieten räucherte man sie sogar. So wurde sie hart und zur schwäbischen Schwarzwurst. So etwas gibt es natürlich in allen Gegenden Deutschlands. Im Rheinischen wurde so das Gericht »Himmel und Erd'« daraus, in der Pfalz brät man die Blutwurst an und in Schwaben macht man eben einen Salat daraus.

Dazu nehme man einen Ring harter Schwarzwurst, schneide die Wurst in Scheiben (mitsamt der Haut), dazu Salz, Pfeffer, eine Prise Zucker, Apfelessig, Öl und viele kleingeschnittene Zwiebel. Unbedingt einziehen lassen und dann servieren. Dazu gibt es Brot. Schon hat man einen evangelischen Wurstsalat.

Im katholischen Oberschwaben gibt es eine andere Variante, die sich in der Zwischenzeit als schwäbischer Wurstsalat durchgesetzt hat. Hier nimmt man Lyoner, frische Schinkenwurst und geräuchte Schinkenwurst und dazu noch einige Streifen Schwarzwurst – es kann auch frische, »lommelige« sein Häufig wird das Gericht dann mit Bratkartoffeln serviert.

»Des mit de Bradkartoffel isch aber net neidig!«, kommentiert der protestantische Puritaner und isst es trotzdem mit Genuss. »Wenn's sei muss!«

En Peitschastecka end Hand

[ɛn paitʃɛstekɛ ɛnd hand]

Landjäger – die schwäbische Rucksackwurst

In der ganzen Welt war er herumgekommen. Der württembergische Landesbischof Eberhardt Renz lebte lange Jahre in Indien und Afrika. Doch die Schwäbische Alb war ihm »das schönste Gebirge der Welt«. Das empfinden auch andere Schwaben so und ziehen jedes Wochenende auf die Alb – sie wandern und erfreuen sich der Landschaft mit ihren steinigen Böden, den trockenen Tälern und den weiten Höhen. Das muss auch früher schon so gewesen sein, denn in den vielen Albhöhlen finden die Archäologen sensationelle Fundstücke der Frühgeschichte des Menschen. Das jüngst gefundene Albmammut, ungefähr so groß wie ein Handballen, ist wohl die früheste Form einer künstlerischen Darstellung durch den Menschen, die Albflöte aus einem Schwanenknochen das erste Musikin-

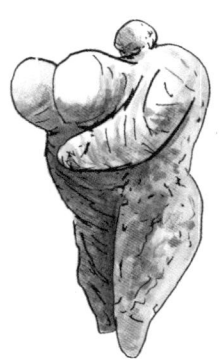

strument der Menschheit, der Löwenmensch die erste Form einer künstlerischen Interpretation der Stärke des Menschen, die 2009 gefundene Venus Darstellung die früheste Darstellung einer Fruchtbarkeitsfigur – alles Schwaben eben.

Kein Wunder also, dass der Schwabe heute noch bei seinen Wanderungen zu einer Form der Wegzehrung zurückgreift, die schon seine Vorfahren kannten: den Landjäger oder Peitschenstecken. Eine eckig gepresste, geräucherte und getrocknete Rohwurstspezialität im Naturdarm, die immer paarweise angeboten wird. Man kann sie direkt aus der Hand essen, ein idealer Wanderproviant also.

Oder wenn man beruflich in Feld und Wald unterwegs ist. So wie der Feldschütz. Jede Gemeinde in Württemberg hatte einen. Der zog in Wiesen und Auen umher und schaute nach dem Rechten. Sah nach, ob die Grenzsteine auch nicht heimlich versetzt waren, die Aussaatbestimmungen eingehalten wurden und dass die Buben im Herbst nicht zu viele Äpfel vom Baum stahlen. Weshalb er auch »Feldgendarm« genannt wurde und man vor ihm gehörigen Respekt hatte. Schließlich war er eine Art Polizist. Die Männer holte man sich aus den älteren Reservistenjahrgängen, die sich so ein Zubrot verdienten und im Kriegsfall als »Landjäger« die Etappe bewachten. Weil sie ständig draußen waren, hatten sie Vesper im Brotbeutel dabei, eine Trockenwurst tat da gute Dienste. So übertrug sich der Name des Berufes auf die Wurst. Weil die Wurst zugleich aussah wie ein Dreschflegel, schließlich gab es sie immer im Paar, und an eine kleine Peitsche erinnerte, wenn man sie schwang, kam auch der Name »Peitschenstecken« auf.

Ursprünglich bestand die Wurst aus Speck und »Knochenputz« – also aus Restfleisch am Knochen, das mühselig abgeschabt wurde. Heute ist das nicht mehr erlaubt. Die Metzger stellen ihn heute aus Magerfleisch und Speck her, würzen ihn, pressen ihn in eckige Formen und lassen ihn ruhen, damit das

Fleisch durch die Gewürze reift. Anschließend wird er getrocknet und kurz geräuchert. Jeder Metzger hat da seine eigenen Rezepte.

Ein kleiner Tipp: Ein Kartoffel-Landjäger-Gratin schmeckt herrlich. So gut, dass es eigentlich dem ersten schwäbischen Wanderer auch hätte schmecken müssen. Rulaman war sein Name. Generationen von Schwaben sind mit seiner Geschichte aufgewachsen. Zugegeben, die Kartoffel hat er natürlich noch nicht gekannt, die brachten erst die Engländer Raleigh und Co aus Amerika mit nach Europa. Aber Rulaman hätte ja die Getreideart Emmer, das Zweikorn, verwenden können. Denn das wurde bereits in frühsteinzeitlichen Fundstellen nachgewiesen. Also mehr ein Emmer-Landjäger-Gratin, zubereitet in der Schillerhöhle nahe dem Hohenwittlingen bei Urach, auch »Rulaman Höhle« genannt.

David Friedrich Weinland schrieb 1878 ein Jugendbuch: Den Rulaman. Ein Roman in der Art von Karl May und Max Eyth (der hat nicht nur Dampftraktoren erfunden, sondern war auch ein begnadeter Schriftsteller). Zunächst hat er den Roman für seine Söhne und deren Freunde geschrieben, um ihnen die schwäbische Heimat näherzubringen. So beschreibt Weinland die Alb um Urach mit der Falkensteiner Höhle, den Hohenneuffen (dort jagten Rulaman und seine Steinzeitler die Rentiere über die Felsen), den Federsee und den Bodensee. Rulaman und sein Stamm, die Aimats, mussten sich den eindringenden Kalats erwehren – den Kelten. Weil diese die Metallverarbeitung kannten – die Bronzezeit lässt grüßen –, verloren die Aimats die Heimat und ihr Leben. Nur Rulaman blieb übrig und zog in die Welt hinaus. Tausende von Jungen lasen den Roman, der bis heute verlegt wird, und träumten sich in diese lang vergangene Zeit zurück.

Wenn also ein schwäbischer Wanderer seine Landjäger auspackt, ist das nicht nur eine Wurst für unterwegs. Es ist ein Mythos.

Endlich amol under ons ...

[ɛndlic ɐmol undɐ onz]

Von Wähe, Blooz, Dinette und Deie

Männer trafen sich im Wirtshaus. Für Frauen war dies, jedenfalls ohne männliche Begleitung, nicht möglich. Also mussten sie sich etwas Besonderes einfallen lassen, wenn sie sich treffen und »schwätza« wollten. Vor und nach dem sonntäglichen Gottesdienst blieb kaum Zeit, vorher musste der Stall versorgt, anschließend das Mittagessen gekocht werden. Im Winter konnte man sich zum »Lichtkarz« treffen, also in den Spinnstuben, die von der Obrigkeit gerade noch geduldet wurden. Aber dort alberte hauptsächlich das junge Volk herum und »spann« an ganz anderem. Die Obrigkeit hatte ein scharfes Auge darauf, verbot und behinderte die Treffen, wo es nur ging.

So blieb eigentlich nur noch der gemeinsame Waschtag am Waschplatz oder Waschhäusle, später in der gemeinsamen Wäschemangel. Oder das Backhaus. Beides hatte nämlich etwas mit schwerer häuslicher Arbeit zu tun und der blieben die Männer gerne fern. Verbieten konnten sie die Zusammenkünfte auch nicht, schließlich brauchte man frische Hemden und etwas zum Essen. So war lange Zeit das Backhaus der Ort für die Frauen, an dem sie ungestört reden konnten. Da sie dort eben auch arbeiteten, konnten sie von keinem des »Müßiggangs« beschuldigt werden. Damals übrigens einer der schlimmsten Vorwürfe, den man dem weiblichen Geschlecht machen konnte. Umgekehrt wird jedoch gleich ein Lob daraus: »Du siehst aber

a'geschafft aus!«, ist in früheren Zeiten das größte Kompliment für die Schwäbin. Dazu der passende Dialog: »Ond? Wia ghots?« »Ha no, emmer viel G'schäft!«

Wer soviel Arbeit hat, braucht natürlich etwas Besonderes zum Essen. So wurde in Schwaben die Wähe oder Wehe erfunden. Ein Gericht mit vielen Namen: Im Hohenlohischen nennt man es Blooz, im Badischen Dinelle, in Oberschwäbischen Dinette und im Elsässischen einfachen Flammkuchen. Vermutlich ist auch die Pizza in Italien so entstanden.

In Schwaben wurde daraus ein herzhafter Kuchen aus Hefeteig, der, mit Rahm bestrichen und Schnittlauch bestreut, einfach in den Ofen geschoben wurde. Wer hatte, konnte ihn noch mit Speck und Schinken verfeinern. Natürlich gab es auch eine süße Variante, die einfach mit Apfelschnitzen belegt wurde.

Kurzum: Ein einfaches und doch schmackhaftes Gericht, das man ganz nebenbei machen konnte – entweder beim Backen oder beim Wäschewaschen. Im Backhaus wurde daraus mit der Zeit der schwäbische Zwiebelkuchen.

So bekamen die Lieben zu Hause etwas zum Essen und man konnte trotzdem weiter »schwätza«. Ohne männliche Aufsicht und endlich mal unter sich!

Schwäbisches Dynamit

Der Zwiebelkuchen und seine Folgen

Angefangen hat alles sehr einfach. Die Frauen des Dorfes trafen sich im Backhaus. Es war angeheizt, das Feuer brannte, die Steine im Backofen wurden durch die Glut immer heißer. Auf den Brettern im Vorraum ging der Teig der Brotlaibe langsam auf. Man »schwätzte« miteinander, endlich konnte man frei reden, die Männer waren weit weg. Der kleine Hunger kam. Irgendjemand hatte irgendwo die Idee – historisch lässt sich das nicht mehr nachweisen, aber die Idee lag auf der Hand und verbreitete sich im ganzen Land – einen dünnen Hefeteigkuchen mitzubringen. Der wurde ausgerollt, mit gedünsteten Zwiebeln, verquirlten Eiern, saurer Sahne, Speckwürfeln und Gewürzen belegt. Den schob man kurz in den heißen Ofen, nachdem man die Glut etwas mehr nach hinten geschoben hatte. Nach einigen Minuten war der Zwiebelkuchen, in alemannischen Gegenden auch »Zwiebelwähe« genannt, fertig. Und wurde mit Genuss verspeist, während man wartete, bis die Ofensteine die notwendige Temperatur fürs Brotbacken erreicht hatten.

Es geht auch in umgekehrter Reihenfolge. Man buk erst die Brote und war man fertig, kam der Hunger. Im abkühlenden Ofen war noch genug Hitze für den Zwiebelkuchen. Denn schließlich wollte man noch nicht heim. Die Backstube war warm, die Brote heiß, und die Männer immer noch weit weg. Man konnte also weiter »schwätza«. Im Herbst gab es dann den ersten frisch gepressten Wein dazu, der schon leicht gärte – den sogenannten »Federweißen«. Das schmeckte herrlich!

So gut das auch war, bald schon rumorte es im Gedärm. Der schnelle Heimweg war notwendig. So wurde diese Kombination nicht ohne Grund das »schwäbische Dynamit« genannt. Die Sprengkraft war eben auch entsprechend.

Karl der Große hatte schon im 9. Jahrhundert den Weingärtnerns erlaubt, ihre Weine selbst im Straßenverkauf zu verkaufen, damit rechtzeitig vor der neuen Ernte die Fässer wieder leer wurden, um den neuen Wein aufzunehmen. Die Wengerter durften ihren Wein ausschenken, einfache Speisen reichen und ihre Häuser mit einem Strauß oder Besen kennzeichnen. Zeichen dafür, dass es nun in der Wohnstube zu essen und zu trinken gab. Die badische und pfälzerische »Straußenwirtschaft« sowie die schwäbische »Besenwirtschaft« waren erfunden. Die frischen Sträuße welkten schon sehr früh, sahen dann aus wie ein alter Besen. Also hingen die praktischen Schwaben gleich einen Besen zum Fenster hinaus.

Wer noch immer glaubt, die Schwaben seien bloß ein humorloses, eigenbrötlerisches Völklein (was sie manchmal ja bekanntlich auch sein können), sollte mal in eine Besenwirtschaft einkehren. Da sitzt man eng beisammen, die Lautstärke ist ohrenbetäubend, es wird geschnattert und gelacht und niemals bleibt das Vierteleglas (nur echt mit einem grünen Henkel) leer. Irgendwann taucht immer einer mit einer Gitarre auf oder besser noch mit einer Ziehharmonika (übrigens auch eine schwäbische Erfindung, Hohner lässt grüßen). Die Ziehharmonika heiß im Volksmund übrigens auch »Heimwehkompressor«. Dann singen die Schwaben was das Zeug hält. Nicht umsonst schätzen sie ihren Silcher so. Wenn es am schönsten ist, singen die Schwaben traurige Lieder, so zum Beispiel »Ännchen von Tharau«, »Muss I denn zum Städele hinaus« oder auch »Am Brunnen vor dem Tore«. Da weint der Schwaben und seine Tränen »laufat enna na«, da ist er selig und ganz bei sich.

Dabei darf auch der Zwiebelkuchen nicht fehlen. Eigentlich ganz einfach. Doch einen Kniff sollte man beachten: Die Zwiebeln nicht mit der Maschine schneiden, sondern immer von Hand. Am besten in Würfel, so werden sie beim Backen nicht matschig. Das und der dünne Boden unterscheidet den selbst gemachten Zwiebelkuchen von der Fabrikware. Beim Belag gilt in alten schwäbischen Familien: »Dreiviertel Zwiebel, einviertel Speck.« Doch Vorsicht: Das ist schon sehr gehaltvoll, daher eher statt des vielen Specks lieber noch etwas Lauch dazugeben. Am Ende dann vielleicht noch mit »a bissle Käs« abbinden.

Ahh, da »spannt d'r Ranza«, da hilft nur noch ein selbst gebrannter Schnaps. Aber wie gesagt: Danach müssen manche sehr schnell heim.

Ohne Spätzle ghot gar nix!

[oːnə ʃpɛtstlə g'od gar nix]

Kurze philosophische Betrachtung über ein weiteres schwäbisches Nationalgericht

In Dörfern, die, hinter Ulm gelegen, entweder zum württembergischen Schwaben (also evangelisch) oder zum vorderösterreichischen Habsburg (also katholisches) gehörten, spricht man heute noch von »evangelischen Spätzle« und »katholischen Knöpfle«.

Unter den Sieben Schwaben, so heißt es in der Geschichte aus dem 15. Jahrhundert, war auch der »Knöpflesschwob«. In späteren Darstellungen wurde er immer mit dem Spätzlebrett gezeigt. Diese Darstellung mit dem Spätzlebrett zeigt zugleich eine Verwandtschaft zwischen Knöpfle und Spätzle und eine Veränderung der Herstellungsweise. Heute ist der Unterschied klar: Spätzle sind länglich, ungleich dick und vom Brett geschabt. Knöpfle dagegen macht man aus dünnerem Teig, der dann durch ein Blech mit vielen Löchern gedrückt wird. So entstehen mehr oder weniger große Tropfen, die ins siedend heiße Salzwasser fallen, wo sie sofort aufschwimmen und damit auch schon fertig sind. Mit Allgäuer Käse bestreut entstehen so die »Allgäuer Käspätzle«, die eigentlich »Allgäuer Käsknöpfle« heißen müssten.

Historisch sind sie Knöpfle älter als die Spätzle. Die Knöpfle sind eine Form von kleinen Knödeln. Sie werden, wie die Spätzle, aus Mehl, Eiern, Salz und Wasser hergestellt. Das Wort »Knöpfle« stammt aus dem Althochdeutschen »chnodo«. Das bedeutet soviel wie Knoten. Simplizissimus erklärt das im 16. Jahrhundert noch so: »Ein Knötlein, die Schwabenländer sagen Knöpfle.« Wie das Nationalgericht Knöpfle vom Nationalgericht Spätzle abgelöst wurde, hat der Urvater der württembergischen Landesgeschichte, Hansmartin Decker-Hauff, auf die Staufer zurückgeführt. Wenn auch mit einem Augenzwinkern. Denn immerhin waren Barbarossa und Friedrich II stets in Italien. Der erste, um dort seine Herrschaft zu sichern. Den »Städtezerstörer« nannten ihn die Italiener. Der zweite, um dort länger zu leben als in Schwaben. In Italien bekam er Nudeln auf den Teller und lernte in der Nudelherstellung das Wort »spezzare« kennen, was soviel heißt wie »brechen, in Stücke schneiden«. Gut möglich also, dass am Hofe der Staufer die mitgebrachten Knöpflerezepte italienischer Köche zu Spätzle verfeinert wurden. Ein bisschen Mystik darf bei der schwäbischen Nationalspeise schon mit dabei sein.

In den Kochbüchern der Großmütter werden Spätzle erst zu Beginn des 19. Jahrhunderts erwähnt. Spätzle standen auf dem Tisch des evangelischen Bürgertums. Hier wandelte sich auch der Gebrauch von Mehl. Denn die alten Knöpfle und auch die ersten Spätzle waren immer aus Dinkel. Der wuchs sogar auf der rauen Alb. Weizensorten für die Alb mussten erst noch gezüchtet werden. Der Dinkel hat einen hohen Anteil an natürlichem Kleber. Den braucht man natürlich, damit die kleinen Tropfen auch zusammenkleben. Heute ist daraus das Spätzlemehl aus Weizen geworden, sogenanntes »doppelgriffiges Spätzlemehl«. Meine Oma sagte dazu noch schlicht »Grieß«. Damit war aber weder Hartweizen- noch Weichweizengrieß gemeint, sondern ein Weizenmehl, das noch Anteile der Schale hatte, dem »Häutchen« um das Korn – doppelgriffig halt. Dazu kommt noch die Geschichte mit den Eiern. Wenn das Mehl klebrig ist, braucht man nicht unbedingt Eier im Teig – höchstens eines. »Mehr isch net neidig!«, stellte meine Tante Ruth immer fachkundig fest. So konnte man Spätzle in rauen Mengen auch ohne Eier auf den Tisch bringen. Insgesamt dürften die Spätzle erst mit dem Einzug der Gabel an den schwäbischen Esstisch, also ab dem 18. Jahrhundert, ihren Siegeszug angetreten haben. Die Knöpfle hingegen konnte man ja auch leicht mit dem Löffel essen.

In anderen alemannischen Gegenden, wie etwa im Elsass, arbeitete man jedoch an der Entwicklung der Knöpfle weiter. Man vermischte dort den Teig mit Gemüsebrei. So wurden wieder kleine Knödel draus. »Elsässer Knöpfle« sind heute ein Leckerbissen der regionalen Küche.

Spätzle schmecken besser, wenn sie gelb aussehen. Wie aber machen, wenn man an den Eiern spart oder auch keine hat? Die Schwäbinnen waren da erfinderisch. Entweder mischten sie unter das Spätzlemehl eine Portion Maismehl oder sie kochten Zwiebelschalen mit dem Spätzlewasser mit. Der Erfolg war immer der Gleiche: Die Spätzle wurden gelber.

Überhaupt der schwäbische Erfinderreichtum. Mit Spätzle und ihrer Herstellung wurde und wird noch immer experimentiert. So gibt es über 60 Patente auf Spätzle-Herstellungs- Ma-

schinen. Auch der ehemalige Stuttgarter Regierungspräsident Bulling entwickelte so eine Maschine und ließ sie patentieren. Sie hat verschieden große Löcher an der Bodenseite, so dass jedes gepresste Spätzle anders aussieht – eben wie selbstgemacht. Sozusagen »helenga g'schabt«. Auch wenn diese Spätzle aus den Maschinen manchmal verächtlich »Faule-Weiber-Spätzle« genannt werden – sie schmecken trotzdem vorzüglich.

An dieser Stelle sei ein Bekenntnis erlaubt. Neben selbst geschabten Spätzle (sieht leicht aus, ist aber ein »Sau-G'schäft«, zumindest wenn man keine »Bollen« oder fliesenartigen Gebilde haben möchte), essen meine Kinder und ich am liebsten »Wagenseile«. Dazu wird der Spätzleteig dick geschlagen, fast wie Brotteig. Durch die Spätzlepresse gedrückt (auch ein »Sau-Geschäft«, dafür ist nämlich viel Muskelschmalz erforderlich). Die Spätzle werden dick und lang – eben wie »Wagenseile«. Dann mit Schmelz drüber serviert. Schmelz, das sind Brotbrösel oder Semmelbrösel in viel Butter geschwenkt. Ein Luxus, der bei urschwäbischen Gästen auch zu negativen Reaktionen führen kann: »Bei Euch isch wohl der Wohlstand ausbrocha'« oder »ond scho ghot Verschwendung los!« oder »des isch eigentlich a Send!«. Mit viel Wohlbehagen wird dennoch alles aufgegessen, man hat ja schließlich seine Kritik deutlich formuliert. Aber Vorsicht! Beim Umrühren der Brösel in der heißen Butter geht es um Sekunden. Wenn man nicht aufpasst, wechselt die Farbe des Schmelz schlagartig von hellbraun zu tiefdunkel und alles ist vermurkst. Diese Gefahr besteht vor allem dann, wenn man bedenkt, dass die Zubereitung des Schmelzes einer der letzten Arbeitsschritte in der Küche ist. Das heißt, die Gäste sind da, trinken bereits ein Glas Wein und sind – natürlich – hungrig. Da kommt es schnell zu Beschwerden. Eine mögliche Folge dieser Kritik an der Küche ist dann eben auch mal ein zu dunkler Schmelz. »Hättet ihr Eure Gosch g'halte, wär mir der Schmelz net a'brennt! Des henn' ihr jetzt davo!«.

Ein letzter Tipp: Unter das Spätzlemehl fein gemahlene Haselnüsse geben. Daraus den Spätzleteig anrühren. Die daraus gewonnenen »Nussspätzle« zieren jedes Wildgericht. Fehlt nur noch Braten »ond Soß«. Schon ist der Schwabe selig!

Aber bitte mit Soße!

Über den schwäbischen Braten

Davon konnte der Schwabe jahrhundertelang immer nur träumen: Braten mit viel Soße. Der Schwabe ist ja bekanntlich ein »Nassesser«. Traditionell kannte die schwäbische Küche immer nur das Gesottene, Gekochte, Gebackene. Und eben Braten – aber den nur an Hochzeiten, Kirchweih und Königs Geburtstag. Doch noch im letzten Jahrhundert war der Braten »d'bessere Leit« vorbehalten, also der bürgerlichen Oberschicht. Davon träumen konnte man aber schon. Das traditionelle schwäbische Hochzeitsessen ist daher immer noch gemischter Braten, Spätzle und Soße, dazu Kartoffelsalat. Vorher – je nach Region – eine Hirn-, Grießklößchen- oder Flädlesuppe, danach ein Ofenschlupfer. Die hohe Wertschätzung für den Braten ist in folgendem Wirtshausspruch noch immer zu spüren: »Aus was besteht ein schwäbisches Fünf-Gänge-Menü? Aus vier Viertele Trollinger und einem Rostbraten!«

Eigentlich ist es ziemlich einfach, einen Rostbraten zu machen. Entscheidend ist ein Detail: die Qualität des Fleisches. Am besten geeignet ist das Fleisch von jungen Mastochsen. Es soll eine kräftige rote Farbe haben und gut marmoriert, also mit Fettadern durchzogen sein. So ein Fleisch gibt es eher nicht im Sonderangebot. Hier ist der Metzger des Vertrauens unabdingbar. Und wenn der noch ein gut abgehangenes Stück hat, wird er es auch gern verkaufen. Frühere Generationen schworen noch auf ein so gut abgehangenes Fleisch, dass es schon mehr als dunkelrot war und auch entsprechend roch. Aber da haben sich die Geschmäcker verändert. Ein kleiner Tipp: Die besten Mastochsen kommen aus dem Hohenlohe.

Oder man macht einen Braten. Und den am besten im Bräter. Traditionalisten schwören dabei auf Gusseisen. Das Fleischstück sollte nicht zu klein sein, sonst trocknet es schnell aus. Dann ist noch die Brathitze wichtig. Meistens ist sie in den Kochbüchern zu hoch angegeben. Also den Ofen runterfahren und am Schluss unbedingt darauf achten, dass der Braten im ausgeschalteten Ofen noch einige Zeit ruhen kann. Erst dann wird er wirklich zart.

Wichtig ist noch die Soße. Diese lässt sich leicht aus dem mitköchelndem Gemüse (Suppengemüse mit anbraten, dazu alte Brotrinde und dann mit Trollinger leicht vermengen) gewinnen. Beim Rostbraten ist das natürlich schwieriger. Denn aus was kann da eine ordentliche Soße entstehen? Der Griff zum »Päckle« ist jedoch verboten. Also Kalbsknochen einkaufen und zusammen mit kleingewürfeltem Gemüse anrösten, mehrmals mit Trollinger ablöschen und reduzieren. Dazu noch einen kleinen Geheimtipp: An Weihnachten mehrere Lebkuchen beiseite schaffen, diese dann trocknen lassen und davon ein bisschen in

die Soße reiben. Dazu passen Spätzle. Aber das ist ein eigenes Kapitel.

»Ond?«, fragt der Schwabe. »Ha, m'r ka's essa!«, antwortet ein anderer. Damit wäre dann aber auch alles »g'schwätzt«.

Uff zom Gaisborger Marsch!

[uf zom gaisborgə marʃ]

Noch ein schwäbisches National-gericht

Antreten zum Gaisburger Marsch!« Die Einjährigen – also die Offiziersanwärter – der Reichswehr in der Stuttgarter »Berger Kaserne« nutzten ihr Privileg voll aus. Sie mussten weder beim Zapfenstreich wieder in der Kaserne sein, noch mussten sie dort essen. Dort war das Essen in den Zwanzigerjahren ohnehin mager. So versammelten sie sich jeden Tag, um gemeinsam im benachbarten Stadtteil Gaisburg zum Essen zu gehen. Die Wirtin der legendären »Bäcka-Schmiede« – die Wirtschaft gibt es immer noch – bereitete dort nämlich einen Eintopf mit reichlich Gemüse, Kartoffelscheiben, Spätzle und Rindfleisch in einer kräftigen Brühe zu. Der Eintopf war legendär, der Marsch auch – und so kam das Gericht zu seinem Namen.

So erklärt das die eine Version. Es gibt auch noch eine zweite: Diese besagt, dass die Gaisburger Männer in irgendeinem Krieg in finsterer Zeit – man weiß also nicht mehr in welchem – in Gefangenschaft gehalten wurden. Damit sie nicht verhungerten, wurde ihren Frauen erlaubt, täglich einen Topf Essen pro Mann zu bringen. Also kochten sie alles, was sie hatten, in einem Topf und brachten diese dann – in einem langen Marsch – zu ihren hungrigen Männern.

Historisch lässt sich das alles nicht mehr nachweisen. So darf also jeder die Geschichte auswählen, die ihm behagt. Der Gaisburger Marsch steht also sowohl für die Wichtigkeit des täglichen Rituals wie auch für die liebende Solidarität der Ehefrauen. Jedem und jeder nach seinem Geschmack eben.

Für den Norddeutschen ist das Gericht dagegen doch sehr gewöhnungsbedürftig. Kartoffeln und Spätzle zusammen zu verwenden, macht ja eigentlich keinen Sinn. Denn das sind zwei »Sättigungsbeilagen« auf einmal – also zweimal Kohlehydrate. »Des isch mir doch egal!«, denkt der Schwabe. »Solang's schmeckt«. Und das tut es ihm, wie das häufige Vorkommen des Eintopfes auf schwäbischen Speisekarten beweist.

Dabei ist ein guter Gaisburger Marsch keineswegs ein »Resteessen« – das es natürlich auch sein kann. Schon manche Oma verwendete die Reste des Kartoffelsalats, zumindest, wenn sie nicht gerade »saure Kartoffelrädle« daraus machen wollte. Denn in Erinnerung an die »Arme Zeit« – das konnte je nach Familienerinnerung, der erste Weltkrieg, die Inflation in den Zwanzigerjahren, die Arbeitslosigkeit in den Dreißigerjahren, der zweite Weltkrieg oder auch die Zeit danach gewesen sein – wird nichts weggeworfen.

Bei einem guten Gaisburger Marsch ist alles frisch und die Fleischbrühe natürlich selber gemacht. Petersilie, Lorbeerblätter, Pfeffer und Salz werden in diese deftige Brühe gegeben. Pur oder abgeseiht. Kleingeschnittene Kartoffeln, Sellerie und Karotten werden darin gegart, das Suppenfleisch wird gewürfelt und in die Brühe gegeben. Kurz vor dem Servieren kommen noch in Butter geschwenkte Spätzle und gebräunte Zwiebelstreifen hinzu.

In Baden gibt es dieses Gericht auch. Daran, dass es sogar die Grenze nach Baden überwinden konnte, sieht man, wie gut es ist. Nur heißt es dort nicht Gaisburger Marsch, sondern »Verheierte«, also »Verheiratete«. Der Name kommt daher, weil die Spätzle und die Kartoffeln einen eheähnlichen Bund eingehen. Erst zusammen ergeben sie etwas Neues, etwas Anderes – etwas Gutes!

Mmmh. Darüber könnte man jetzt glatt eine Predigt über die Ehe halten.

Wenn er schwätzt, isch er guat. Und mit Kraut, des gibt Schub

[vɛnə ʃvɛtzt, iʃə guad. ond mid kraud, dɛs gibt ʃub]

Von Kartoffelsalat, Bubenspitzle und Filderkraut

Der Pfarrer begegnet auf der Dorfstraße dem größten »Bruddler« im Dorf. »Bruddeln« ist eine besondere Art des schwäbischen Protests. Es ist nicht die kleine Form von »Schempfa wia Rohrspatz« – das ist wirklich lauthals protestiert. Bruddeln geht leiser vor sich. Am häufigsten findet man das »Vor-Sich-Na-Bruddla'«. Man gibt damit halblaut, am besten im Weggehen, seinen Protest zum Ausdruck. Damit zeigt man, dass man eigentlich dagegen ist, es aber trotzdem macht. Allerdings nur mit »Gebruddel«. Wer jahrhundertelang unter einer extrem strengen Obrigkeit litt, musste sich eben fügen. Aber konnte so trotzdem seinen Protest äußern. Schließlich trug, auch wegen seiner Überwachung, Württemberg den Spitznamen »das lutherische Spanien« – und von dort kam bekanntlich die Inquisition.

In extremer Form gibt es das »Bruddeln-Nach-Innen«. Also stirnrunzelnd und finster blickend weggehen, dabei leise vor sich hin schimpfen, aber nur so, dass der andere hört, dass da jemand »schimpft«, aber nicht versteht, um was es geht. Viele schwäbische Erfindungen sind aus solchem »Bruddeln« entstanden. Man »bruddelt« so lange, bis man eine Lösung findet.

41

Aber zurück zu unseren zwei Helden auf der Dorfstraße. Pfarrer: »Die Ernte ist dieses Jahr ja sehr gut ausgefallen. Es gibt nur große Kartoffeln. Jetzt müssten sogar Sie zufrieden sein!«. Der schwäbische Bruddler: »Jo scho! Aber woher nehm i jetzt meine kloine Ebbiare zom d'Säu futtra?«

»Ebbiera!Grommbiera!« (Erdäpfel, krumme Erdbirnen). Mit diesem Ruf auf den Lippen und einer Glocke in der Hand, zog noch vor wenigen Jahren der Bauer durch unsere Feuerbacher Straßen, um vom Wagen herunter die Säcke mit frischen Kartoffeln zu verkaufen.

Der Schwabe hat zur Erdknolle ein gespaltenes Verhältnis. Obwohl es sie im Ländle schon zwei Jahrzehnte gab, als der Preußenkönig Friedrich II. sie einführte und von Soldaten bewachen ließ. Der Alte Fritz spekulierte darauf, dass seine pommerschen Bauern alles stehlen würden, was von Soldaten bewacht wird. So geschah es auch und nach der ersten Hungersnot wussten seine Bauern, was sie an den Sattmachern hatten.

Bei uns in Württemberg führten sie die Waldenser nach dem Dreißigjährigen Krieg ein. Aber was die »welschen Flichtleng« da mitbrachten, schmeckte den Schwaben nicht. Schon aus Prinzip nicht. Immerhin war hier Knöpfle- und Spätzleland. Natürlich machten die Kartoffeln das Überleben bei Hungersnöten einfacher, aber deshalb muss man sie ja nicht gleich lieben. So blieb das Verhältnis bis heute unterkühlt und beim Kartoffelverbrauch gab es eine klare Hierarchie. Am liebsten mag der Schwabe die Kartoffel »durch d'Sau durch!«. Also als Schweinebraten und Wurst. Dann als »Schwäbischer Kartoffelsalat«, als »Saure Kartoffelrädle«, als »Bubaspitzle«, im »Gaisburger Marsch« und dann noch als Bratkartoffeln. Mehr hat die schwäbische Küche nie daraus gemacht. So blieb das Mitbringsel der Waldenser eine Randerscheinung. Erst 1742 gab es ein herzogliches Edikt, das den Anbau von Kartoffeln befahl. Schillers Vater Johann Kaspar (dem wir die Kultivierung der schwäbischen Obstbausorten und damit unsere Streuobstwiesen verdanken) schrieb 1767 in seinen »Betrachtungen über landwirtschaftliche Dinge in dem Herzogtum Württemberg von einem Herzoglichen Offizier«: »Grundbieren sind erst seit einem halben Seculo (Jahrzehnt) in hiesigen Landen bekannt und gepflanzt worden«. Erst in den Hungerjahren 1771 und 1772 kam der Durchbruch. Denn nur die Grund- oder Erdbirne bewahrte die Menschen vor dem Tod.

Erst mit der Zeit entstand der schwäbische Kartoffelsalat. »Wo waret Ihr em Urlaub? Em Norda! Ond wia wars? Scho reacht! Aber stell' Dir vor, dia den Mayonnaise en'd Kartoffelsalat nei!« Eine Beschreibung der Begegnung mit Ureinwohnern im Dschungel könnte nicht schlimmer ausfallen als in diesem Dialog.

In einen schwäbischen Kartoffelsalat gehören Fleischbrühe und Essig. Jede schwäbische Wirtin und jede Schwäbin hat da ihr eigenes Rezept. Aber diese beiden Grundelemente müssen

sein. Die werden so mit den Kartoffeln vermischt, dass der Kartoffelsalat »schwätzt«.

Dazu aber gleich mehr.

Auf dem Markt sucht man sich die besten Salatkartoffeln aus – eine absolut festkochende Sorte. »Sieglinde« etwa oder meinen Favoriten das »Bamberger Hörnle«. Die werden gekocht und dann heiß geschält. Dann mit dem Messer in dünne Scheiben »gerädelt«. Ja nicht über den Gurkenhobel ziehen – das gibt nur Matsch. Eine sehr fein gewürfelte Zwiebel, Salz und frisch gemahlenen Pfeffer dazu geben. Vorsichtig umschichten. Die Fleischbrühe mit dem Essig aufkochen und über die Kartoffeln gießen. Das funktioniert nur mit einem guten Rotweinessig – also keinen Balsamico oder Gewürzessig nehmen. Dies alles wenden und ziehen lassen. Im Zweifelsfall nachgießen. Denn der Salat muss beim Wenden glitschig sein, also »schwätzen«. Danach den Salat mit Öl anmachen und dieses vorsichtig unterheben. Aber Vorsicht: Es sollte ein neutrales Öl sein, also auf keinen Fall Olivenöl. Das Ganze kann man dann noch mit Schnittlauchröllchen überstreuen und mit Muskat und/oder einer Messerspitze Paprika abschmecken. Aber das ist schon wieder Geschmackssache. Die Frage, ob das dazugehört, kann man dem Bereich »Weltanschauungen« zuordnen und daher trefflich darüber streiten.

Kartoffelsalat und Saitenwürste – das ist das traditionelle Weihnachtsessen der evangelischen Schwaben am Heiligen Abend. Aber den Kartoffelsalat gibt es auch zu Braten, Spätzle »ond Soß!«. Es gibt für einen Schwaben nichts Schöneres, als mit der Gabel Spätzle aufzunehmen, durch die Soße zu ziehen, dies mit dem Kartoffelsalat zu vermengen (natürlich alles auf einem Teller, nur den Blattsalat gibt es in einer extra Schale) und anschließend zu essen. Das ist ein Stück vom Himmel auf Erden.

Eine ganz andere Verwendung der Kartoffeln gibt es in Schwaben seit dem 18. Jahrhundert: die Schupfnudeln. Das ist

der vornehme Ausdruck. In Schwaben heißen sie »Bubaspitzle«
– aber deshalb darf keineswegs auf kannibalische Vorfahren geschlossen werden. Sie haben einfach die Form des kleinen Penis
von Buben und die Schwaben in ihrer direkten Art haben sie so
auch benannt. Im Allgäu nennt man sie »Wargele« und weist
damit auf die Herstellung hin (sie enthalten übrigens weniger
Kartoffeln und mehr Mehl): Sie werden mit der Hand ausgerollt
– schwäbisch »gewargelt«. Am einfachsten zwischen den Händen, was dazu führt, dass sie eher dünn sind und an den Enden
spitz zulaufen. »Bubaspitzle« eben.

Eigentlich ist das ein typisches Landknechtsessen. Die bekamen ihre Ration Mehl ausgehändigt und mussten damit über
die Runden kommen. Feldküchen gab es noch nicht und damit
auch keine Mannschaftsverpflegung. Jeder Zug und jedes Zelt
bekam seine Mehl- und Brotration, später auch eine Kartoffel-
ration. Also wurde zeltweise gekocht. Da lag es nahe, einen gemeinsamen Topf auf das Feuer zu stellen, so dass jeder aus seinem Teig seine Nudeln machen konnte. Fett gab es vom Zeug-
meister, und so wurden erst Nudeln geformt, diese dann im
Wasser aufgekocht und anschließend mit dem Fett in der Pfanne ausgebraten. Sauerkraut gab es aus dem Fass. Mit der Zeit
wurde daraus ein ganz traditionelles Essen daraus: »Bubaspitzle« mit Sauerkraut.

Gerechterweise muss gesagt werden, dass auch die Badener
das so machten. Sie nannten das Ganze »Baunzen«. Die Altbai-
rischen Soldaten kochten ebenso und nannten das Gericht
»Fingernudeln«, »Buchstechala« (wenn sie besonders dünn und
spitz wurden) oder »Dràdewixpfeiferl«. Im Odenwald nannte
man sie »Krautnudeln«, in der Oberpfalz »Schopperla« oder
»Schopalla«. Die Franken nannten sie »Bauchstecherle«. Eigentlich sind sie auch das, was die Italiener »Gnocci« nennen
und die Österreicher »Nocken« (süß, wie ihre Küche ist, werden
sie dort noch mit Mohn versetz). Dort gibt es noch heute die

Mohnnudeln. Es ist eben eine einfache Küche der armen Leute. Doch deshalb nicht weniger erfindungsreich.

Für die schwäbische Variante nimmt man eine mehlige Kartoffelsorte. Die Kartoffeln werden geschält und durch eine Presse gedrückt. Diese Masse wird mit Mehl und Eiern zu einem Teig verarbeitet und mit Salz, Pfeffer und Muskat abgeschmeckt Mit beiden Händen werden daraus Nudeln »gewargelt« oder »geschupft« – von Natur aus nehmen sie die Form von »Bubaspitzla« an. In siedendem Salzwasser sollten sie kurze Zeit ziehen. Mit dem Schaumlöffel herausheben, dann abschrecken und abtropfen lassen. In einer Pfanne werden sie dann mit reichlich Butter oder Schmalz goldbraun gebraten.

Dazu gibt es Sauerkraut. Dieses fermentierte Weißkraut war schon den Griechen und den Römern bekannt. Im sehr frühen Mittelalter brachten die herumziehenden Mongolenstämme (die Hunnen) das chinesische Suan Cai bis nach Europa. Hier übernahmen es die Juden und machten es in Westeuropa populär. Denn man konnte den Weißkohl einfach konservieren. Man brauchte dazu nur Salz und einen luftdicht abschließbaren Topf. Der war in jeder Töpferei herzustellen und bedurfte nur einer besonderen Technik – einen besonderen Rand und einen Deckel. Dieser Rand wurde mit Wasser gefüllt und der Deckel hob sich nur, wenn die Gärgase aus dem Topf entwichen. Auf jeden Fall durfte kein Sauerstoff in das gestampfte und mit Salz versehene Kraut hinein. So konnten die Milchsäurebakterien arbeiten und das Kraut immer feiner machen. Gerade im Winter konnten so Mangelerkrankungen vermieden werden. Später wusste man auch, warum. Sauerkraut ist nämlich reich an den Vitaminen A, B, C und K. Insbesondere das Vitamin C hatte es den Seeleuten angetan. Mit ihm konnte man Skorbut verhindern. Das sprach sich auf See schnell herum und so gehörte zum Schiffsproviant immer ein Sauerkrautfass.

Das feinste Sauerkraut wird aus dem Spitzkraut gemacht. In

Schwaben war die ganze Fildergegend voll davon. Noch heute wächst neben dem Stuttgarter Flughafen das berühmte Filderkraut. Kein Wunder also, dass die Schwaben die Tricks ersonnen haben, wie man das Sauerkraut auch kommerziell herstellen kann. Kaum gab es die ersten Blechdosen und die entsprechenden Konservierungstechnik, bauten sie die ersten Fabriken. Diese Sauerkrautfabriken gibt es heute noch – mit Weltgeltung. Schwäbisch eben.

Wilhelm Busch hat dem Sauerkraut ein Denkmal gesetzt. Mit seiner 1865 veröffentlichen Geschichte von Max und Moritz: »Eben geht mit einem Teller, Witwe Bolte in den Keller, dass sie von dem Sauerkohle, eine Portion sich hole. Wofür sie besonders schwärmt, wenn es wieder aufgewärmt.« Klar, denn dann ist es weicher.

Die Schwaben blieben der Tradition treu. Nicht nur, dass man es wieder aufwärmt, sondern auch, dass man es mit Schmalz in der Pfanne anmacht. So unwiderstehlich diese

Kombination auch ist: Vorsicht! Sauerkraut enthält Histamine und die verträgt nicht jeder. Diese zusammen mit Schmalz angemacht: Das gibt Schub! Kein Wunder, dass der schwäbische Flugzeugerfinder Heinkel auch an Düsentriebwerken experimentierte und mit der Heinkel He 178 das erste Düsenflugzeug der Welt baute. Aber das ist eine andere Geschichte.

I ka nemma ...!

[i: ka: nɛmə]

Über Linsen mit Spätzle und Saiten

Harald K. ist Koch und kommt aus Norddeutschland. Seit 20 Jahren schon lebt er im Ländle. Er kocht in der Kantine eines großen Betriebes. Und wundert sich immer noch: »Wenn es Linsen mit Spätzle gibt, ist die Kantine jedes mal überfüllt.« Kein Wunder, gibt es doch ein schwäbisches Grundnahrungsmittel, das von vielen sogar als »schwäbische Nationalspeise« bezeichnet wird.

Bei der Linse handelt es sich um ein uraltes Nahrungsmittel, das bereits in der Jungsteinzeit bekannt war. Kultiviert wurde sie in der Zeit der Pharaonen im alten Ägypten und hat danach ihren Siegeszug in ganz Europa und Indien angetreten. In Indien sind bis heute noch rund 70 Linsenarten, Dhal genannt, bekannt. In Europa wurde sie erstmals in einer griechischen Höhle, deren Besiedlung um 7000 v.Chr. stattfand, nachgewiesen.

Auch im Alten Testament spielt sie eine entscheidende Rolle. Das 1. Buch Mose beschreibt in seinem 25. Kapitel (1. Mose 25, 29-34) die beiden Zwillinge Esau und Jakob. Esau war einen Augenblick früher geboren als Jakob. Damit hatte er das Recht des Erstgeborenen, das heißt, er war der Erbe. Esau wurde ein Jäger, Jakob ein Bauer. Als Esau eines Tages halbverhungert zurückkam, tischte ihm Jakob ein Linsengericht auf. Es waren rote Linsen, die verführerisch dufteten und versprachen, auch so zu schmecken. Jakob sagt zu ihm: »Du bekommst es nur, wenn Du mir dafür auf der Stelle Dein Erstgeburtsrecht abgibst.« – »Ich bin am Verhungern«, entgegnete ihm Esau,» was nützt mir da mein Erstgeburtsrecht?« – »Das musst Du mir zuerst schwören!«, sagte Jakob. Esau schwor es ihm und verkaufte so sein Erstgeburtsrecht an seinen Bruder.

Auch diese alte Geschichte zeugt von der hohen Bedeutung der Linse für die Ernährung des Menschen. Sie wuchs überall, sogar auf der Schwäbischen Alb. Von dort kommen heute noch Linsen. Allerdings nicht die »Alblinse«, die im 19. Jahrhundert angebaut wurde, sondern die grüne Linse, die eigentlich aus Le Puy in Südfrankreich kommt. Die Alblinse ist im 20. Jahrhundert ausgestorben – dachte man. Bis man vor kurzem in einer vergessenen Samenbank im russischen St. Peterburg ein Kästchen mit konservierten Alblinsen fand. Sie hatten dort die Russische Revolution und beide Weltkriege überlebt. Heute werden sie nachgezüchtet und schon bald wird es hoffentlich wieder die originalen schwäbischen Alblinsen geben. Die beiden Bauern in Münsingen und Plochingen, die bisher allein in Württemberg Linsen anbauten, warten sehnlichst auf die neuen, alten Samen.

Natürlich gehören die Linsen zur »Arme-Leute-Küche«. Sie haben einen sehr hohen Anteil an Eiweiß. Außerdem enthalten sie reichlich Zink, das der Körper unbedingt für die Steuerung des Stoffwechsels braucht. Wissenschaftler haben festgestellt, dass Linsen, in Verbindung mit Getreide-Eiweiß, eine für den Menschen besonders hochwertige Kombination von Aminosäuren bilden. Diese Kombination – so sagen Kulturhistoriker – könnte einen wesentlichen Einfluss auf die Entwicklung der ersten ackerbaulichen Kulturen gehabt haben. Schließlich sucht sich die Linse immer eine Getreideart aus, an der sie hochwachsen kann.

»So isch's no au wieder!«, denkt sich der Schwabe bei Linsen und Spätzle und fühlt sich in seinem Ahnen bestätigt, dass dieses schwäbische Gericht schon immer »ebbes besonderes« gewesen ist, auch wenn es nicht viel hermacht und schon gar nicht so aussieht.

Linsen muss man einweichen. Vorher aber muss man sie sortieren. Denn in den kleinen Samen können sich auch Steinchen oder beschädigte Linsen verstecken. Traditionell werden die gewaschenen Linsen über Nacht eingeweicht. Dann werden Karotten, Lauch und eine Knoblauchzehe fein gewürfelt und angedünstet. Die eingeweichten Linsen zusammen mit den Zwiebelwürfeln, Lorbeerblätter (je nach Geschmack) und Rauchfleisch ebenfalls andünsten. Dies wird nun mit Wasser abgelöscht und zehn Minuten geköchelt. Wer will, kann nun eine oder auch zwei gewürfelte Kartoffeln dazugeben und weitere zehn Minuten köcheln lassen. Danach nimmt man eine Tasse der Linsen heraus, püriert sie zu einem Mus und rührt sie mit Salz und einem kräftigen Schuss Rotweinessig wieder hinein. Nun werden die Saitenwürste hinzugegeben und alles bleibt bei kleiner Flamme einige Minuten zusammen. Das ist ein Grundrezept. Wer in seiner Familie bei den Omas und Müttern nachfragt, wird unzählige Varianten entdecken. Als Beilage gibt es, natürlich, Spätzle.

Einen praktischen Tipp gibt es aus meiner Familie: Die noch nicht eingeweichten Linsen erst mal in einem Topf erhitzen und bevor sie kochen (Vorsicht: Linsen in sprudelndem Wasser verändern ihr Eiweiß) über einem Sieb abgießen, dann kalt abspülen. In einem Dampfkochtopf Zwiebeln und Speck glasig andünsten, die Linsen zugeben, zwei Minuten ebenfalls mit andünsten. Im geschlossenen Dampfkochtopf (aber auch hier gilt: niedrigste Einstellung) 15 bis 20 Minuten erhitzen. Dann öffnen und wie oben verfeinern.

Schwaben lieben Würste. Fleisch gab es ja selten. Wenn mal geschlachtet wurde, stellte man auch Würste her. Entweder wurden sie als reine Brühwürste gekocht oder man steckte sie in den Rauchfang, denn sie mussten lange halten. In vielen Fami-

lien gab es nur für den Vater eine Wurst. Der Rest der Familie blieb Vegetarier. »Was I Wurschd essa muaß, bis meine Kinder von der Haut satt werdet!«, klagte nicht ganz uneigennützig ein schwäbisches Familienoberhaupt. Besonders beliebt war im 19. Jahrhundert die »Schützenwurst«. Die war kantig, aus Schweinefleisch und geraucht. Unsere heutigen »Landjäger« oder »Peitschenstecken« gehen auf sie zurück.

Zu Linsen und Spätzle werden Saiten gereicht – in manchen schwäbischen Gegenden auch Wienerle genannt. Da geht die Begriffsverwirrung los. In Wien ist die »Wiener Wurst« eine Art Schnittwurst. Die Saiten oder Wienerle sind aber eigentlich Frankfurter, in den USA Wiener genannt, im Elsass und in Frankreich nennt man sie Straßburger und in Italien und Spanien schlicht »Wu(e)rstel« – zumindest in den Tourismusgegenden.

Der Streit um die Würstchen ist uralt. Die Frankfurter behaupten, die Wurst sei bei ihnen schon seit dem Mittelalter bekannt. Nur kann man das nicht nachweisen. Sicher ist aber, dass der Frankfurter Metzger Johann Georg Lahner (1772–1845), der eigentlich aus der Fränkischen Schweiz stammt, nach Wien auswanderte. In Frankfurt waren Schweine- und Rindermetzger streng getrennt, in Wien dagegen nicht. Daher konnte er dort beiderlei Fleisch verarbeiten. Am 15. Mai 1805 bot er zum ersten Mal in seiner Metzgerei »Frankfurter« an. Sie wurden ein Welterfolg.

So sitzt der Schwabe in der Kantine bei Linsen mit Spätzle und Saiten und isst, bis er platzt.

So ein Essen will verarbeitet sein und so hofft er, dass er am Nachmittag keinen »Publikumsverkehr« mehr hat. Doch den möchte er als Kommunikationsmuffel ohnehin nicht. Denn die Linsen treiben doch arg. So unterstützen sie sein in sich gekehrtes Gemüt auch in kulinarischer Weise.

D'r Dote ihre Maultascha

[də dodə iːrə mauldaʃ]

Über ein weltbekanntes schwäbisches Gericht

Jeder Mensch hat so seine Erinnerungen an bestimmte Speisen, die er mit ganz besonderen Personen verbindet und die sich auf ewig in sein Gedächtnis eingeprägt haben. »Meiner Mama ihr Kartoffelsalat« mag dazugehören oder auch »meim Vadder sein Moschd« oder eben »d'r Dote ihre Maultascha«.

Im Alemannischen wurde das Kind »dot« genannt. Und so nannte man die Patin eben »Dote« und den Paten »Döte«. Im Schweizerdeutsch veränderte sich das langsam zu »Gotti« und »Götti«. Gemeint sind aber immer Patin und Pate. Die spielten früher eine große Rolle, war das doch ein Ehrenamt mit möglicherweise weitreichenden Folgen – vor allem in Zeiten hoher Frauensterblichkeit im Kindsbett. Denn die Patin oder der Pate hatte die Verpflichtung, für die Kinder zu sorgen, wenn Mutter und Vater nicht mehr lebten. Und das kam in diesen unruhigen Zeiten sehr oft vor. Gut, wenn man dann eine Dote hatte, an die man sich später dankbar erinnern konnte. Eben vielleicht durch ihre besondere Art, die schwäbischen Maultaschen zu zubereiten. Mit so einer Erinnerung ist ja auch immer eine besondere Wertschätzung verbunden – eben weil sie durch den Magen geht.

Ob geschmälzt, in der Brühe oder »a'prägelt« (also in der Pfanne mit Eiern und Sahne geröstet), für den Schwaben sind seine Maultaschen, neben den geliebten Spätzle, der höchste kulinarische Genuss. Aber keinesfalls aus der Packung, sondern selbst gemacht. Allenfalls ist es noch erlaubt, sich den Nudelteig fertig beim Bäcker zu holen.

Wie so oft liegt die Herkunft der Speise im Dunkel der Geschichte. Nach einer Legende hat im 14. Jahrhundert die habsburgische Herzogin Margarethe von einem Besuch in Italien eine neue Speise mitgebracht. Dort soll sie die leckeren Ravioli kennengelernt und das Rezept mit nach Schwaben gebracht haben. Dummerweise war gerade Fastenzeit und so versteckte sie das verbotene Fleisch in einer dieser Tasche aus Nudelteig. Als sie dabei überrascht wurde, steckte sie die Tasche auch noch in den Mund. So soll der Spitzname »Margarethe von Maultasch« entstanden sein. Der Name, so schließt die Legende, sei schließlich auf das Gericht übergegangen. Wunderbarerweise kann man in Innsbruck das Denkmal der Margarethe, die auch Herzogin von Tirol war, sehen. Es steht am Grabmal des Kaisers Maximilian I. und hat eine so große Unterlippe, dass der Spitzname »Maultasch« unmittelbar einleuchtet.

Da klingt eine andere Entstehungsgeschichte jedoch viel plausibler: Nach einem Krieg im Mittelalter herrschten Seuchen, Pest und Hungersnöte im verödeten Württemberg. Ganze Dörfer waren vom Erdboden verschwunden, ihre Bewohner entweder vertrieben, erschlagen oder von den schlechten Lebensbedingungen dahingerafft. In dieser Zeit bereiteten sich die wenigen Mönche im Kloster Maulbronn auf die Karwoche vor. Das hieß nicht nur Fasten, wie bereits in den Wochen zuvor, sondern extremes Fasten. Ausgerechnet am Mittwoch vor dem Gründonnerstag bekamen die Mönche nun jedoch ein großes Stück Fleisch geschenkt. An Aufbewahrung war nicht zu denken. Es gab keine Möglichkeit, das Fleisch zu kühlen oder sonst wie haltbar zu machen. Jetzt war guter Rat teuer. Entweder essen oder wegwerfen, hieß es nun.

Ein Schwabe lässt ja nun eigentlich nichts verkommen, aber Fastengebot ist eben Fastengebot. Blieb also nur eine pragmati-

sche Lösung – auch typisch schwäbisch. Die Mönche schnitten das Fleisch extrem klein, sammelten im Klostergarten Kräuter und Spinat und verarbeiteten alles zu einer Masse, die sehr nach einem Gemüsebrei aussah. Damit füllten sie die Nudeltaschen, die sie für den Gründonnerstag schon vorbereitet hatten und garten alles in einer Gemüsebrühe. Der kulinarische Erfolg war überwältigend. Und weil die Mönche das nicht allein aßen, sondern es mit Besuchern teilten, sprach sich schon bald das Geheimnis herum. Die leckeren Nudeltaschen wurden bald überall »Maultaschen« genannt – gefüllte Nudeltaschen aus Maulbronn eben. Oder auch »Hergottsbscheißerle«, so wurden sie zumindest im noch frömmeren Oberschwaben genannt, wo man sich zwar im katholischen Glauben noch gefestigter wähnte, aber ebenfalls der leckeren Versuchung erlag. Der Siegeszug der Maultasche war jedenfalls nicht aufzuhalten.

Wie gut nun die Maultaschen waren, wussten auch die Kinder und freuten sich schon, wenn es bei der Dote die leckersten Maultaschen der Welt gab. Denn eine Dote, die gute Maultaschen machen konnte, war besser angesehen als ein Onkel, der immer nur langweilige Vorträge hielt. Die Maultasche: Ein Gericht ganz nach dem Geschmack der Schwaben: Einerseits konnte man so, ganz »helenga«, die Fastengebote einhalten und, andererseits, musste man »nix wegschmeißa od verkomma lau«.

Entweder – Oder

An »Sauren Kutteln« scheiden sich die Geister

Es gibt wohl kaum ein Gericht in Schwaben, an dem sich die Geister so scheiden wie an »Sauren Kutteln«. Die einen wenden sich mit Grausen schon beim Namen des Gerichts ab, die anderen schnalzen mit der sprichwörtlichen Zunge. Dazwischen gibt es eigentlich nichts. In seinem Gedicht »Vo d` schwäbische Gastrologie« schreibt Wendelin Überzwerch:

>»D'Schwoba dent, ha no, gern bruddle,
>moinet's aber et so bös,
>Schwoba send wia saure Kuttla,
>bloß mir selber möget des!«

Dabei mögen auch viele Schwaben heute keine Kutteln mehr. Und müssen dann in Italien und Frankreich – ihren erklärten Lieblingsurlaubsländern – feststellen, dass sie dort immer noch als Spezialität gelten. In Italien heißen sie »Trippa«, in Florenz kann man die »Trippa florentina« sogar an den Imbissbuden bekommen. In Frankreich gilt die Normandie als Hochburg der Kutteln. Dort heißen sie »Tripes à la mode de Caen« und sind ein Leckerbissen. Bei uns ist Ellwangen bekannt für seine Kutteln und im Stuttgarter Westen gibt es ein Restaurant, zu dem man sogar aus dem Umland wegen seiner Kutteln in Riesling- oder Trollingersoße pilgert – eine vorherige Platzreservierung sei hier sehr angeraten.

»Saure Kutteln« sind eigentlich ein uraltes Gericht, schon Homer sang ein Loblied auf sie. Als »Kokoretsi« gibt es sie heute noch beim Griechen. Angeblich gehen sie auf die Opfermahlzeiten am Altar des Zeus zurück. Erst wurde geopfert und dann gemeinsam gegessen. Die Menschen früher – und das galt bis ins 19. Jahrhundert – hatten selten Fleisch auf dem Tisch. Wurde ein Tier geschlachtet, wurde alles verwertet. Auch die Innereien. Jahrtausendelang war Verwaltung und Nutzung von Lebensmitteln immer Mangelorganisation. Unsere Vorfahren litten alle unter Eiweißmangel, bestätigen die Wissenschaftler. So waren die Kutteln ein klassisches »Arme-Leute-Essen«. Gewonnen wurden sie aus dem Pansen, dem Vormagen von Kühen. Das Fleisch bekamen die Herren, den kleinen Leuten blieben, wenn sie Glück hatten, die Innereien.

So war es auch in Schwaben, wo »Saure Kutteln« oft der einzige ganzjährige Eiweißspender waren. Neben Kaninchen, den geschlachteten Schweinen im Herbst und den Gänsen im November. Ganz besonders waren die Kutteln bei den Fasnachtsnarren das klassische Aschermittwochsessen – und in Narrenhochburgen ist das heute noch so. Kutteln sind sehr einfach herzustellen. Es gibt sie bereits vorgekocht beim Metzger zu kaufen. Dabei sollte man unbedingt Kalbskutteln bestellen. Die sind weicher!

Ein klassisches Rezept? Bitteschön: Die Kutteln in feine Streifen schneiden und waschen. Eine Zwiebel in Butterschmalz glasig dünsten, die Kutteln dazugeben und 15 Minuten leicht anbraten. Mit Mehl bestäuben und zehn Minuten weiter rühren. Mit Tomatenmark verfeinern und mit einer Fleischbrühe ablöschen. Nach dreißig Minuten mit Salz, Pfeffer, Wein und Essig abschmecken. Hier entscheidet sich, ob man eine Riesling- oder Trollinger Variante haben möchte. Kleiner Tipp: Ein Lorbeerblatt, Wacholderbeeren und geriebene Zitronenschale mitkochen, aber vor dem Servieren wieder herausnehmen. Je nach Weichheitsgrad zwischen 30 bis 50 Minuten köcheln lassen. Die Soße muss sämig sein. Wenn sie zu dick wird, Brühe dazugeben.

Dazu passen am Besten Bratkartoffeln. Die Kartoffeln dafür sollte man am Vortag bereits abkochen. Bratkartoffeln aus kalten abgekochten Kartoffeln nehmen nämlich nicht so viel Fett wie warme oder gar frische Kartoffeln auf. Das Ganze noch mit frischem »Peterleng« bestreuen. Fertig!

»Saure Kutteln« ist ein sehr einfaches Gericht, schmeckt aber phantastisch – zumindest wenn man seine Vorurteile überwunden hat. Oder erst gar keine hat, so wie die eingeschworenen Fans.

»Dem hanne Kuttla g'wäscha«, hieß es im alten Schwaben, wenn man jemandem ordentlich die Meinung gesagt hatte. Die alten Schwaben hatten ein inniges Verhältnis zu ihrer Küche. Und übertrugen den Namen der Innereien deshalb auch auf andere Tätigkeiten. »Der hot aber a Kuttel«, heißt es anerkennend bis heute, wenn jemand eine anstrengende körperliche Tätigkeit vollbracht hat und dabei nicht zu Boden geht.

Wenns mr´s dreckig goat, mach e mr saure Kartoffelrädla

[vɛn məs drɛkig goad, mac i mə saurə kartoflrɛdlə]

Über ein schwäbisches Antidepressiva

Auch ein Schwabe kann nicht immer nur »schaffa, spara ond end Kirch gau« – er ist auch mal »heh« oder, schlimmer noch, »halbaheh«. Gerade nach herben Schicksalsschlägen »kennt's oim ganz anders werda«. Da bricht dann der schwäbische Hang zur Melancholie so richtig durch. Es muss noch nicht gleich eine Depression sein, aber die »Innenschau« nimmt schon gewaltig zu.

Aber auch bei aller »Innenschau« kommt irgendwann mal der Hunger. Nun scheiden sich die Geister, was einem Schwaben in seiner tiefsten Melancholie wieder aufhilft. Für die einen sind es Linsen, Spätzle und Saitenwürste, für die alten Schwaben ist es das fast schon vergessene Gericht »Saure Kartoffelrädle«. Beide haben eines gemeinsam: Sie sind aus ganz einfachen Bestandteilen hergestellt und, lässt man mal die bereits als luxuriös zu bezeichnende Zutat »Saitenwürste« weg, wahre »Armutsessen«. Denn wenn es in einem Haus kein Mehl, Eier, Kartoffeln und Linsen mehr gab – dann gab es wirklich nichts mehr und der große Hunger drohte.

Mir helfen »Saure Kartoffelrädle«. Während festkochende Kartoffeln in der Schale abgekocht werden, macht der Schwabe aus Zwiebeln, Fett und Mehl eine Einbrenne – je nach Lust hell bis dunkel. Und die gießt er nun mit Most auf. Aber Vorsicht: Der Most schäumt und stinkt erst einmal. Alles miteinander verrühren. Eventuell mit Essig nachhelfen, wenn die Soße noch nicht sauer genug ist. Nach Belieben Lorbeerblätter, Nelken und Liebstöckel mitköcheln lassen. Salzen und pfeffern, etwas Muskat dazugeben. Jetzt die gekochten Kartoffeln schälen, in Scheiben schneiden, wie Dachpfannen aufeinander in eine Form geben und mit der Soße übergießen. Fertig!

Empfindlichere Nasen verwenden statt des Mosts Wasser und Essig und kochen zum Schluss die geschnittenen »Kartoffelrädla« noch ein paar Minuten in der Soße mit. Serviert wird das dann wie ein Eintopf, in einer tönernen Schüssel oder Kasserolle.

Es wirkt wie ein schwäbisches Antidepressiva. Es geht einem gut, die Melancholie ist verflogen. Jetzt kann man wieder »schaffa«. Und so kann man nach dem einfachsten »Arme-Leute-Essen« erneut auch Geistvolles in Angriff nehmen.

A Supp ond ebbes Sießes

[a zub ond əbəs ziəsəs]

Von Flädle und Nonnafürz

So sind die Suppen der Schwaben Schatz", schrieb Hans Sachs Anfang des 16. Jahrhunderts. Kein Wunder also, dass die Vorliebe für Suppen den Schwaben schon im Mittelalter den Spitznamen »Subbaschwoba« eingebracht hatte (in der Neuzeit kam dann noch der »Spätzleschwoab« dazu). Damit hängt auch zusammen, dass die Schwaben bis heute »Nassesser« sind. Ohne Soße geht gar nichts! Selbst beim Schnitzel Wiener Art (natürlich aus Schweinefleisch, Kalbfleisch zu nehmen wie beim Original aus Wien wäre für einen Schwaben reine Verschwendungssucht) bekommt man in zahlreichen Wirtschaften selbstverständlich eine Bratensoße serviert.

Bei der Suppe muss es natürlich immer »mit Inhalt« sein. So bestand auch die traditionelle schwäbische Hochzeitssuppe früher aus einer Fleischbrühe mit Hirn und Flädle. Heute ist das Hirn durch Mark- und Grießklößchen ersetzt.

Bei Flädle wird es einem Schwaben warm ums Herz. Sie sind nicht zu vergleichen mit herkömmlichen deutschen Pfannkuchen. Denn die dicken, gelegentlich schaumigen Pfannkuchen kennt der Schwab nicht. Flädle sind dünn, so dünn, dass man durch manche fast hindurch sehen kann. Goldbraun müssen sie auch noch sein. Wenn man sie für die Suppe verwendet, werden sie fest aufgerollt und angedrückt, danach in Streifen geschnitten. In der Fleischbrühe verfallen sie so nicht gleich. Flädlesuppe ist eigentlich – mal wieder typisch für die schwäbische Küche – ein Resteessen. Man wirft halt nichts weg und zaubert lieber noch etwas aus dem Wenigen, das man hat.

In Vorderösterreich – aus schwäbischer Sicht also in allen katholischen Gebieten südlich von Tübingen, von Rottenburg bis zum Bodensee – kennt man die »Kätterle«. Das sind gefüllte Flädle. Da werden Hackfleisch, Bratwurstbrät und Rauchfleisch mit Kräutern in Flädle zusammengerollt und kurze Zeit in Fleischbrühe ziehen gelassen. Serviert werden die »Kätterle« mit Kartoffelsalat und grünem Salat. Also wie die Maultaschen. Man kann die Flädle aber auch mit »G'sälz« füllen. Das mögen nicht nur Kinder.

Nach dem Hauptgang gibt es noch eine weitere Spezialität. Das einst im Allgäu erfundene Gericht trägt zwar einen etwas anrüchigen Namen, schmeckt dafür aber umso besser: die »Nonnenfürz«. Wieder ein Rezept aus einer Zeit, in der man gelernt hat, aus dem Wenigen noch etwas zu machen und auf den Tisch zu bringen. Man braucht dazu nur Butter, Mehl, Zucker, Eier, Backpulver und Salz. Die Zutaten werden mit Wasser zu einem Teig vermischt. Mit einem Löffel werden kleine Klößchen geformt und in heißem Fett ausgebacken.

Wenn man in alten und neuen Kochbüchern nach dem Ursprung des Namens forscht, findet man immer wieder die gleichen Geschichten. Die Kulturhistoriker verweisen auf das Mittelalter und behaupten, dass sich der Name vom mittelniederdeutschen »Nunnekenfurt« (»von den Nonnen am besten zubereitet«) herleitet und daher eigentlich »Nonnenfürtchen« heißen müsste. Wissenschaftler, die sich mit Lebensmittel beschäftigen, verweisen darauf, dass die »Nonnenfürze« ursprünglich gefüllt waren. Dafür stand der Begriff »färzen«, was wiederum aus der französischen Küchensprache von »farce« abstammt. So ist der Name nichts anderes als eine Verballhornung in der schwäbischen Umgangssprache.

So, und nun die kleinen Dinger mit Puderzucker bestäuben. Oder Pflaumeneis dazutun. Oder einfach mit Zwetschgen-G'sälz genießen. Eine weitere Alternative: Beeren sammeln, daraus eine warme Beerensoße machen und diese dazu servieren.

Manche Dinge ändern sich nie: Unsere Vorfahren waren halt auch Schleckmäuler – auch wenn es sonst nichts gab!

D'Verwandtschaft kommt auf B'such

[d fɛɐvandʃaft komd uf bsuc]

Von den »Gebildebroten« zum Hefezopf

Der Schwabe erwartet nicht gern Besuch. Aber er möchte auch nicht für ungastlich gehalten werden. Da muss er sich schon etwas Besonderes einfallen lassen. »Kommet nach dem Kaffee, damit Ihr bis zum Vesper wieder d'hoim send«, heißt es im Volksmund. Das stimmt natürlich nur zum Teil. So soll es Schwaben geben, die den billigen Wein im Discounter kaufen und ihn aus dem Tetrapack in die Literflaschen der schwäbischen Weingärtnergenossenschaften umfüllen, damit sie dem Besuch ein Viertele einschenken können, aber auf gar keinen Fall viel dafür ausgeben müssen. Es ist nicht auszuschließen, dass das stimmt. Jedenfalls ist der Besuch ihm lästig. Aber gegen die Verwandtschaft kann er auch nichts machen. Also fügt er sich in sein Schicksal und überlegt, wie er die Dialektik von Sparsamkeit und Gastfreundschaft zu seinen Gunsten auflösen kann. Das ist die Geburtsstunde des Hefezopfs.

Historisch gesehen gehört der Hefezopf zu den »Gebildbroten«. Das sind Backwaren, welche die Form von Tieren, Menschen oder religiösen Symbolen haben. Sie wurden zu besonderen Anlässen, wie etwa Tod, Geburt, Taufen oder Hochzeiten gebacken und mit Segenswünschen überreicht. Eigentlich findet man sie in allen Kulturen.

Kulturwissenschaftler führen ihn auf die alte Zeit der Alemannen zurück, als Frauen und Mädchen ihre Haare noch zu

Zöpfen flochten (wie alle Germaninnen, wie in römischen Quellen seit Tacitus und Cäsar berichtet wird). Wurde eine Alemannin Witwe, schnitt sie ihren Haarzopf ab und legte ihn dem Verstorbenen mit ins Grab. Mit der Zeit wurde daraus ein Symbol. Der gebackene Hefezopf wurde dem Verstorbenen mit ins Grab gelegt.

Daraus entwickelte sich die Tradition, dass man Freunden und Verwandten zu Neujahr einen Hefezopf buk. Der Hefezopf wurde zu den Neujahrsgrüßen mit dem Wunsch überreicht, dass auch im neuen Jahr das Brot nie ausgehen möge. Und weil der Hefezopf so gut schmeckte, wurde er später das ganze Jahr über gebacken. Schließlich kosten die Zutaten nicht viel Geld. Typisch Schwaben eben.

Aus Mehl, frischer Hefe, warmer Milch, Zucker plus Vanillezucker, Eiern und etwas Salz wird ein Teig bereitet. Na ja, der Vanillezucker ist modern: »Des isch scho en arger Luxus«. Und wenn schon Luxus, dann kann man auch »Zibebba«, also Rosinen (schwäbisch auch Sultaninen) hineingeben. Man kann auch Mandeln und/oder etwas Zimt beimengen. Fertig! Echte Schwäbinnen flechten dann aus drei Teigsträngen den Zopf. Mit Zuckerguss bestreichen und Mandelplättchen drüber streuen. Aber das ist schon wieder Luxus. Das Ganze wird bei 180° Grad braun gebacken.

Der Schwabe streicht gern Butter und »G`sälz« drauf. So einst geschehen, als die gesamte Verwandtschaft um das Bett des Sterbenden herum saß. Weil das mit dem Sterben aber arg lange dauerte, wurde ein Hefezopf gereicht. Man hatte ja schließlich Hunger. Der Sterbende sah das noch und murmelte: »No net g'storba und scho ghot Verschwendung los«.

War der Hefezopf schon etwas älter, hatte man immer noch Verwendung dafür. Den konnte man nämlich in den Kaffee »donka«. Für uneingeweihte Tischgenossen sieht das nicht sehr schön aus, schmeckt aber herrlich. Für die alten Leute mit ihren kaputten Zähnen war das schon immer eine wahre Erleichterung. Wer sich den Kaffee nicht leisten konnte, griff auf den in Ludwigsburg entstandenen Ersatzkaffee aus Zichorien zurück. War der Hefezopf ganz hart, konnte man ihn immer noch zu »Ofaschlupfer« verwenden.

Jedenfalls blieb kein Hefezopf übrig. So ist der Hefezopf zum schwäbischen Kaffegebäck geworden. In ganz Baden-Württemberg. Bis heute.

Kratzete – so en Schmarra!

[kratsɛtɛ – so: ən ʃmarn]

Der schwäbische Schmarren

Kaum vorstellbar, dass halb Schwaben einmal habsburgisch war. Gleich hinter Tübingen befand sich die Grenze zwischen dem evangelischen Württemberg und dem katholischen Vorderösterreich, wie die Region bis zum Bodensee und Bregenzer Wald genannt wurde. Erst Napoleon schaffte hier nach dem Ende des Heiligen Römischen Reiches Deutscher Nation ab 1803 eine neue Struktur. 1806 war sie fertig. Aus Württemberg wurde ein Königreich und die Oberschwaben waren auf einmal Württemberger.

Ein Gericht hat alle geschichtlichen Zufälle überlebt, wenn auch in einer schwäbischen und einer österreichischen Fassung. »Kratzete« nennt man es in Schwaben – und reicht das »Arme-Leute-Essen« sogar in Spitzenrestaurants zu Spargel. Kaiserschmarren nennen es die Österreicher. Eine, wie so oft in Österreich, sehr süße Angelegenheit. Aber im Grunde ist beides das Gleiche. Sowohl der »Krazete« wie auch der Kaiserschmarren besteht aus den Basiszutaten der Hausfrauen: Mehl, Eier, Milch und Fett. War das nicht mehr im Haus, war man wirklich arm. So entstanden zu allen Zeiten ähnliche Gerichte, wenn auch von Region zu Region, von Kultur zu Kultur etwas anders.

Für »Kratzete« benötigt man die gleichen Zutaten wie für Pfannkuchen. Zusätzlich hebt man geschlagenes Eiweiß und zerlassene Butter darunter. Der Teig wird nun in der Pfanne ausgebacken. Kurz vor dem Fertigausbacken mit Bratschaufel und Gabel den Teig in 2 bis 3 cm große Stücke zerreißen und diese Stücke goldbraun werden lassen. Passt ideal zu Spargel oder auch zu Obst. In meiner Kindheit war das eine volle Mahlzeit.

Da es nichts gibt, was man nicht noch verfeinern kann, haben Berufsköche noch einen Trick auf Lager: statt Milch Sekt verwenden. Das macht die Stücke besonders luftig und verleiht ihnen einen besonderen Geschmack. Schwäbische »Kratzete« mit Kick.

Das nackerte Luisle

[das nakəte luːsle]

Wenn die Reutlinger spielsüchtig werden ...

… dann hat das etwas mit ihren berühmten »Mutscheln« zu tun. Am Donnerstag nach Dreikönig geht es los – in allen Gaststätten oder auch zu Hause. Dann werden Freunde eingeladen, alle versammeln sich um einen großen Tisch, die Würfel werden ausgepackt, der Wein fließt die Kehle hinunter und Emotionen wie in Las Vegas werden gezeigt. In der Mitte des Tisches steht eine Reutlinger »Mutschel«. Mit den Würfeln werden Spiele gespielt wie »Das Nackerte Luisle«, »Der Wächter bläst vom Turm«, »Der lange Entenschiss« und »Die einsame Filzlaus«. Je nach Spiel bekommt man einen Teil der »Mutschel« ab.

Diese ist ein sternenförmiges, mürbes Hefegebäck mit acht Zacken. Die Mitte ist höher als die Zacken. Ein Kranz ist darum geflochten. Wer es ganz authentisch machen kann oder vom Bäcker machen lässt, bei dem ist auf jedem Zacken ein anderes Motiv: Mond, Spirale, Brezel, Viereck. Bei den verschiedenen Spielen sind diese Symbole natürlich alle von Bedeutung.

Die Zutaten sind wieder ganz einfach: Mehl, Hefe, lauwarme Milch, Zucker, Butter und Eigelb. Die Phantasie unserer Vorfahren hat daraus ein Kunstwerk gemacht. Wichtig ist, dass der Teig vor dem Backen richtig fest ist. Von diesem Teig Ein Sechstel beiseite legen und zum Schluss einen kleinen Zopf flechten, den man um die Erhöhung in der Mitte legt. Die Zacken macht man, indem man den Rand achtmal einschneidet und diese

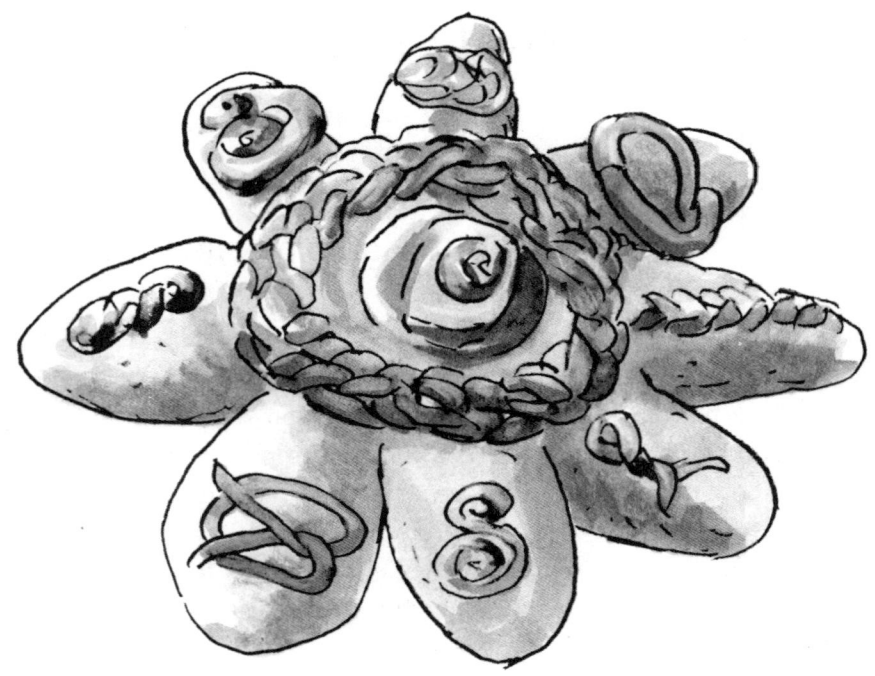

Einschnitte spitz zulaufend herauszieht – so entstehen die acht Zacken.

Trefflich lässt es sich bei Bier und Wein darüber streiten, woher genau die »Mutschel« stammt. Die einen erkennen in ihr ein altes alemannisches Opferbrot, das dann christlich interpretiert wurde. Die anderen sehen in ihm eine Nachbildung des Sterns der Weisen aus dem Morgenland, was auch den Termin der Herstellung – eben nach Dreikönig – erklären würde. Dabei schließt die eine Erklärung die andere nicht aus. Wir wissen heute viel darüber, wie das Christentum hellenisiert wurde und damit viele griechisch-römische Elemente »verchristlicht« wurden. Doch noch immer ist relativ wenig über die zweite große Kulturrevolution, nämlich die Germanisierung des Christentums, bekannt. So wäre es denkbar, dass ein altes Opferbrot ebenfalls »verchristlicht« wurde und so lokal überlebte.

Lokalpatrioten verweisen noch auf eine ganz andere Geschichte. So soll der Reutlinger Bäckermeister Albrecht Mutschler im 14. Jahrhundert die »Mutschel« erfunden haben. Sein Name ging auf die Backspezialität über.

Historisch belegt ist lediglich, dass von einem Brot namens »Mutsche« in einem Schriftstück aus dem 13. Jahrhundert – also der Stauferzeit – die Rede ist. Das passt zu unseren Erkenntnissen der damaligen Sprache. Im Mittelhochdeutschen wurde ein »kleines, besonderes Brot« als »Mutsche« oder »Mütsche« bezeichnet. Kein Wunder also, dass im Schwäbischen Paniermehl und Semmelbrösel traditionell »Mutschelmehl« genannt werden.

Wer also je in Reutlingen und Umgebung zur »Mutschel« eingeladen wird, sollte die Einladung unbedingt annehmen. Abgesehen davon, dass eine solche Einladung eine Ehre ist, verspricht dies einen tollen Spieleabend in fröhlicher Gesellschaft. Und wer je mit einem trockenen Stück »Mutschel« im Mund, weil seine Würfel dem Glück entsagten, ein Lied pfeifen musste, weiß, warum dieses Spiel ausgerechnet »Der Wächter bläst vom Turm« genannt wird.

Ebbes für g'spitzte sieße Mäuler

[ɛbɛs fyːɐ gʃbitstə siəzə mɔylə]

Ofa'schlupfer, Pfitzauf und »Schoddo-Soß«.

Ond jetzt breng amol ebbes auf den Tisch, wenn's ansonschda nix zom Essa geiht.« Das ist eine echte Herausforderung – für alle Zeiten und in allen Ländern. Die Schwäbinnen haben eine geniale Idee dazu entwickelt – besonders deshalb, weil sie zugleich noch die »sießen Mäuler« damit befriedigten konnten. Und in welcher Familie gibt es die nicht? So entstand aus dem notwendigen Umgang mit der Armut eine schwäbische Spezialität: der »Ofenschlupfer«. Die Schwäbin nimmt dazu alte Wecken oder Reste vom Hefenzopf, die wegen ihrer Trockenheit keiner mehr essen will. Diese werden in Scheiben geschnitten und dann in eine gut gebutterte Auflaufform gegeben. Wer will kann nun noch Sultaninen (Zibeben) und Nüsse drüberstreuen. Mit einem Mix aus Eiern, Milch, Zucker und Vanillezucker bedecken. Die oberste Schicht muss dabei gleichmäßig feucht sein. Wer bei aller Armut noch »helenga« reich ist, sollte noch Butterflocken darüber verteilen. Rein in den Backofen und solange backen, bis die Oberfläche goldbraun ist. Dieses »Arme-Leute-Essen« wird in letzter Zeit wieder zunehmend in baden-württembergischen Spitzenrestaurants als lokale Spezialität angeboten und findet immer mehr Freunde. Traditionell wird es mit Vanille- oder Chaudeau-Soße serviert (das ist nichts anderes als Omas »Schoddo-Soß«).

Die Schwaben waren selbst in größter Armut noch bekennende Süßmäuler. Das ist auch Goethe nicht entgangen, der Schwaben bereiste und den Schwarzwald als »schwäbisches Gebirge« beschrieb. 1794 ließ er den schlauen Reineke Fuchs schwärmen: »Lasst uns nach Schwaben entfliehen! Hilf Himmel! Es findet süße Speise sich da und alles Guten die Fülle!«

So ist es auch mit dem sogenannten »Pfitzauf«. Er wird in einem Tonmodel gebacken. Omas haben häufig noch eines, aber auch in jedem guten schwäbischen Haushaltswarengeschäft findet man diese Formen mit sechs bis sieben Mulden. 1569 hat Balthasar Staindl in Augsburg sein »Ain sehr künstlichs und nützlichs Kochbuch« veröffentlicht. Darin sind auch die ersten Pfitzauf-Rezepte enthalten. »Pfitzauf« ist eine Art schwäbisches Soufflé, sozusagen eine schwäbische Art Pfannkuchenteig »mit nex« zu veredeln. Dazu vermischt man Milch mit Mehl und schlägt Zucker, Salz und Eier schaumig. Dann fügt man geschmolzene Butter hinzu. Die Formen zur Hälfte füllen und ab in den Backofen. Das kann man dann noch mit Zucker und Zimt oder auch mit Zucker und Mohn garnieren.

Aber Vorsicht! Zwei Grundregeln sind unbedingt zu beachten. Einerseits müssen die Formen bis zum Rand sehr gut eingefettet sein, sonst bekommt man den »Pfitzauf« nicht mehr aus der Form. Also da bitte keine schwäbische Bescheidenheit walten lassen. Andererseits darf man die Backofentür niemals – aber wirklich niemals – öffnen, bevor er fertig ist. Sonst fällt nämlich alles in sich zusammen und man hat einen »reachten Bapp«. Denn der »Pfitzauf« geht im Backofen mächtig auf. Von daher hat er auch seinen Namen. »Pfitzen« ist ein altes schwäbisches Wort für »aufspringen« und das tut der Teig auch – auf bis zu 250% seines ursprünglichen Volumens. Aber eben nur, wenn der Backofen geschlossen bleibt. Eine Schwäbin hat mir verraten, dass es noch ein drittes Geheimnis für einen gelungenen »Pfitzauf« gibt: Die verwendeten Eier müssen sehr, sehr frisch sein.

Dazu isst man »G'sälz« oder eben die legendäre »Schoddo-Soße«. Auf die waren wir als Kinder ganz versessen, da waren wir nach dem Essen immer »so schee leicht daumelig«. Besonders bei der »Schoddo-Soße« von Tante Ruth, denn deren Maßeinheit war das Gefühl. Und weil sie es mit uns Kindern immer so gut meinte, nahm sie von den Zutaten immer reichlich. So auch beim Riesling, der zu jeder »Schoddo-Soße« gehört. Dass in der »Schoddo-Soße« Alkohol enthalten ist, wurde mir erst viel, viel später bewusst.

Tante Ruth nahm für ihre Soße einen ¼ Liter Riesling, dazu Zitronensaft, Speisestärke, Zucker, abgeriebene Zitronenschale, zwei Eier und ein Eigelb und rührte alles in einem Topf sehr schaumig. Im heißen Wasserbad wurde die Masse dann unter ständigem Schlagen erhitzt. Kochen durfte es aber nicht, weil es sonst gerann. Diese Soße – warm serviert – gab es bei uns auch zu Dampfnudeln.

»Aus nex ebbas macha« – und dazu noch, ganz nebenbei, einen kleinen kulinarischen Hochgenuss erschaffen. Das gibt es so nur in Schwaben.

Besser ein Hutzelbrot als eine alte Hutzel

Schwäbischer Leckerbissen zu Weihnachten

A Schnitzbrot ond en frischa Butter. No ka's Weihnachta werda!« Schnitzbrot oder Hutzelbrot ist ein weihnachtliches Früchtebrot, das so richtig auf die Festlichkeiten einstimmt. Besser kann die frohe Botschaft – Gott wurde Mensch und lebte unter uns – nicht erfasst werden. Früher, und das ist noch gar nicht so lange her, bekam sogar das Vieh am Heiligen Abend eine Scheibe davon ab – damit die Milch auch im neuen Jahr nicht versiegen möge. Traditionell durfte Hutzelbrot erst an Weihnachten angeschnitten werden. Bis zu Dreikönig musste es aufgegessen sein. Es sollte ein besonderes Brot nur für die Weihnachtszeit sein.

»Hutzelweib« nannten die Schwaben eine alte, abgeschaffte Frau mit runzeliger Haut. Das Leben hatte sie so gezeichnet, dass sie den getrockneten Birnenschnitzen, de »Hutzeln«, nicht unähnlich sah. Der Begriff »Schnitzbrot« kommt nun daher, dass die Birnen in Scheiben, eben in Schnitz, geschnitten wurden und zum Trocknen entweder ausgelegt oder im oberen Bereich des Ofens auf der »Dörre« getrocknet wurden. So wurde im Herbst der Obstüberschuss verarbeitet.

Oder es wurde Saft und Most gemacht. So konnte man die »Hutzelbirne« auch verarbeiten. Diese Birne war sehr säuerlich und wenn sie nicht zum Most gepresst wurde, war sie eben übrig. Essen konnte man diese Birne nicht, sie war einfach zu sauer. Doch wenn sie getrocknet waren, wurden sie süß und so zum Hauptbestandteil des Schnitzbrotes.

Die Schwäbin nahm auch getrocknete Zwetschgen und Nüsse, später Feigen. Mandeln konnte man fürs Hutzelbrot ebenfalls nehmen, dazu Zitronat und Orangeat. Die genaue Zusammensetzung wird bis heute in den Familien von Generation zu Generation weitergegeben.

In unserem Rezept ist das alte Hutzelbrot auf die heutige Zeit angepasst. Die getrockneten Feigen, Birnen und Zwetschgen werden über Nacht in Wasser eingeweicht. Das Obst dann abtropfen lassen und zerkleinern. Zusammen mit Haselnüssen und Mandeln in eine Schüssel geben, mit Anis, Zimt und Nelken würzen, mit Zitronensaft beträufeln und vermengen. Das Ganze kann man mit Honig und Kirschwasser abgeschmeckt werden. Diese Mischung wird nun mit Roggen- und Weizenmehl vermengt. Das Mark einer Vanilleschote beifügen und alles gut durchkneten. Das Backpulver dabei nicht vergessen. Zu zwei Brotlaiben geformt dann bei 180 Grad 80 Minuten lang backen, danach auf einem Rost langsam abkühlen lassen.

Wer soviel Energie zur Herstellung aufwendet, hat damit auch etwas Besonderes vor. Die schwäbischen Mädchen schenkten die Endstücke des Brotes den jungen Männern. War der Schnitt glatt, wurde damit die Liebe signalisiert, war sie ausgefranst, sagte sie damit »Lass es!«. Die jungen Männer wussten dann Bescheid.

Das war eine ziemlich nonverbale Art von schwäbischer Kommunikation. Denn war man verliebt, musste natürlich der schwäbische Bursche den Anfang machen, das auch auszusprechen. Das fällt ihm bis heute mehr als schwer. So musste man ihm weiblicherseits mit Symbolen auf die Sprünge helfen. Daher auch die schwäbische Form des männlichen Hochzeitsantrages – eine weibliche Form gibt es nicht: »Du Mädle, dätsch du mi mega, für den Fall, dass I' die au mega dät?«. Das Ganze ist mit Absicht im Konjunktiv gehalten. Sagt sie jetzt »Ja«, ist alles in Ordnung. Sagt sie »Nein«, sagt der Liebende: »I di au net!« und geht erhobenen Hauptes von dannen. Denn »versprocha« hat er ja nichts.

Liebe auf schwäbisch zu kommunizieren, ist schwierig. Da tat man sich mit der Kommunikation durch Symbole schon leichter. Mit dem Hutzelbrot ging das.

Eine Sache sollte allerdings auch noch bedacht werden. Das Hutzelbrot ist eine Kalorienbombe. Da muss jeder selber wissen, wie er damit umgeht. Der SDRler Hans-Dieter Reichert wurde einmal ungewollt Zeuge eines Gesprächs am Nachbartisch in einem Kaffeehaus. Eine Schwäbin brachte es dort auf den Punkt: »M'r kas net heba! Konfekt steht oifach gegen Konfektion. I han me für mei Schneidera entschieda!

A echt's Geduldsbrot

[a ɛcts gədultzbro:t]

Über die Wibele aus Langenburg

D er Bürgermeister von Langenburg im Hohenlohischen ging 1966 in die Deutsche Fernsehgeschichte ein. Die englische Königin Elisabeth II war damals zum ersten Mal zu Besuch in Deutschland, auch in Langenburg in Baden-Württemberg. Hier hatte sie ja schließlich Verwandtschaft. Mary of Teck, ihre Großmutter, war eine echte Schwäbin. Mit denen zu Hohenlohe-Langenburg war man ebenfalls verwandt. Außerdem wollte sie unbedingt nach Marbach – der Pferde wegen. Das wiederum konnten sich die Württemberger aber gar nicht vorstellen und führten sie ins Literaturmuseum nach Marbach am Neckar. Wobei sie angesichts soviel Schillers gefragt hat: »Where are the Horses?« Sehr blamabel das alles.

Jedenfalls tat der Bürgermeister von Langenburg sein Bestes. Er überreichte der Königlichen Hoheit eine Tüte mit Wibele und erklärte der verdutzten Monarchin (wie auch allen Zuschauern im Schwarz-Weiß-Fernsehen) im besten Schwäbisch-Englisch: »Se Hischdory of se fämos Wibele of Langenburg«. Die Nation brüllte vor Lachen. Auch heute noch wird der Ausschnitt hin und wieder im Fernsehen gezeigt.

Dabei sind die Wibele wirklich »fämos«. Handelte es sich doch dabei um ein sehr altes Biskuit, das zur Herstellung viel Geduld braucht. Weshalb die kleinen »Wibele« auch »Geduldszeitle« oder »Geduldsbrot« genannt werden.

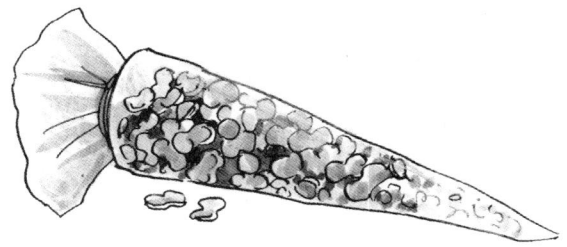

Wibele sind eigentlich zwei nebeneinander liegende, miteinander verbundene Tropfen hell gebackener Biskuitmasse. Das Rezept ist relativ einfach. Zu steifem Schnee geschlagenes Eiweiß wird mit Puderzucker, Mehl und Vanillezucker – alles fein gesiebt – vermischt. Auf einem mit Butter eingefettetem Backblech werden mit einem Spritzsack je zwei Tropfen nebeneinander gedrückt, so dass sie aneinander haften. Das Ganze wird hell gebacken, was so schnell geht, dass man dabei zusehen kann.

Erfunden wurden die Wibele, so hört man aus Langenburg, vom Hofkonditor Jakob Christian Carl Wibel (später verkaufte er sein Rezept an die Familie Bauer, die die Wibele noch heute auf traditionelle Art herstellt). Das fertige Produkt wurde dann an Adelsfamilien (es sollen weltweit über 1000 gewesen sein) exklusiv verkauft. Heute gibt es natürlich auch noch andere Wibele-Hersteller.

Dass die »Geduldsbrote« aber nach ihrem Hersteller benannt wurden, hat seine eigene Geschichte, die in Langeburg – bei Kaffee und, natürlich, Wibele – gern erzählt wird. »Geduldsbrote« gab es viele, aber um 1800 schmeckten sie dem Langenburger Herrscher Karl zu Hohenlohe-Langenburg alle nicht. Nur »die vom Wibele« durften auf seinen Tisch. Da an diesem Tisch der gesamte Adel Europas zu Gast war, nahmen die die kleinen Tropfen mit und bestellten sie nach.

Und so geht bis heute ein württembergisches Backwunder – na, eigentlich eher ein Wunderle – aus dem seit 1806 zu Württemberg gehörenden fränkischen Langenburg in die ganze Welt – » se famös Wibele of Langenburg«.

Weil d' Sprengerla send bockelhart

[vail 'd ʃbrɛngələ sɛnd boklhard]

Über ein ganzjähriges Weihnachtsgebäck

Johann Martin Enderle, ein moderner schwäbischer Heimat-dichter, hat ihr eine literarische Dimension verliehen: dem Tante Klärle aus Stuttgart. Bürgerstochter, wohnhaft in Halbhö-henlage (»m'r händ a Häusle em a Stückle, mit am Gärtle drom-rom«) und verfeindet mit ihrer Schwiegertochter, die ihr jeden Tag das Essen kocht. Das Tante Klärle schreibt zu jedem Essen einen Kommentar auf einen gelben Klebezettel und gibt ihn mit dem dreckigen Geschirr wieder zurück. So ist vor Weihnachten zu lesen:

»Ich bin kein heurigs Häsle meh',
Denkt au an meine dritte Zäh'!
Die haben mir heut arg geknarrt,
Weil d Sprengerla send bockelhart!«

Und trotzdem wäre Tante Klärle beleidigt gewesen, hätte es kei-ne »Sprengerla« oder Springerle gegeben. In einem guten schwäbischen Haushalt gehören sie immerhin neben die Guts-le, Brödle, Zimtsterne, Bärentatzen, Ausstecherle und natürlich das Butter-S auf jeden Advents- und Weihnachtsteller. Man kann also sagen, die Springerle gehören zum schwäbischen Weihnachten wie die Saitenwürstle in die Linsen.

Einem Nicht-Schwaben – also einem »Reing'schmeckta« – kann man das so erklären: Ein Springerle ist ein durch ein Holzmodel geprägtes Gebäck. Es hat einen goldgelben Sockel und ein weißes Oberteil. Sieht zwar zweischichtig aus, ist aber aus einem Teig. Beim Backen in milder Hitze »springt« das weiße Bild über dem goldgelben »Füßle« hoch. Davon kommt der Name. Wer das backen kann, ist in Schwaben angekommen. Das Backen allerdings ist »sauschwer« – das Ankommen in Schwaben meistens auch.

Auch wenn es die Springerle nur noch an Weihnachten gibt – » es isch halt au a Sau' G'schäft« – wurden sie früher zu großen Familienfesten das ganze Jahr über gebacken. Sie waren von größter Bedeutung. Die bildliche Darstellung auf einem Gebäckstück vermittelte eine wichtige Botschaft. Die »Sprengerla« waren die Bilder der armen Leute. Sie drückten sich in Symbolen aus. Und wenn man das Symbol verzehrte, entfaltete das Symbol seine Wirkung in einem – so erklären das zumindest die Psychologen. Ein bisschen schwäbischer Voodoo also. Verschenkt wurden sie zu viele Anlässen: Zu Taufen, Verlobungen, Hochzeiten und zur Kirbe (Kirchweih). Früher verschenkten die Paten einem Mädchen gerne eine modisch gekleidete Dame, abgebildet auf einem »Sprengerla« (ein sogenanntes »Zuckerdockele«). Mit einem gebackenen Herzen konnte man seine Liebe zeigen, mit einem gebackenen Handschuh dagegen seine ewige Liebe bezeugen. In katholischen Klöstern in Oberschwaben gibt es zu Neujahr heute noch »Sprengerla« mit den Initialen »J-H-S«: Jesus – Heiland – Seligmacher.

Entscheidend ist das Model. Seit dem 17. Jahrhundert sind die Model aus Holz geschnitzt: aus Apfel, Kirsche und Birnbaum. Für besonders feine Arbeiten wird das harte Buchenholz verwendet. Glücklich derjenige, der so ein altes Model hat oder auf einem Trödelmarkt entdeckt. Es ist Gold wert!

Noch mehr Gold wert sind diejenigen, die auch Springerle backen können. Denn wer das passende Model zum Backen hat, ist noch lange nicht am Ziel. Bis heute ist man sich nicht einig, ob man das Model auf den Teig oder den Teig auf das Model drückt. Der Ausgang dieses Streits ist nicht absehbar – je nach Familientradition gibt es »Aufdrücker« und »Reindrücker«.

Auch der richtige Teig und vor allem, wie man ihn behandelt, ist von Familie zu Familie anders. Auch die Frage, wann denn die Springerle gebacken werden sollen, ist umstritten. »Unbedingt Anfang November!«, sagen die einen. »Unmöglich!«, antworten die anderen, denn dann seien sie ja »bockelhart« bis Weihnachten. Na ja! Frische Springerle kann man gleich essen, alte eben nicht. Die kann man nur in Kaffee oder Tee »donka«. »Um Gottes Willen!«, sagen da die Traditionalisten. »Springerle im Kaffee? Oh Jerum!«

Im Prinzip braucht man zwei mittelgroße Eier (zusammen nicht mehr als 120 Gramm, in der Schale gewogen), 250 Gramm Weizenmehl (aber nur Typ 405), 250 Gramm feinsten Zucker, eine Prise Salz und 1 Gramm Hirschhornsalz (wer Backpulver nimmt, hat schon verloren). Zum Abschmecken nimmt man ein Päckchen Vanillezucker, einige Tropfen Rumaroma, einen Esslöffel Zitronensaft und etwas feingeriebene Zitronenschale. Übers gut eingefettete Blech streut man Anissamen. Dazu noch das passende Model. So einfach ist das.

Und doch so schwer. Denn mit diesem Rezept kann alles gelingen, aber auch alles misslingen. Warum? Das weiß ich auch nicht. Jedenfalls empfehle ich dazu die Backanweisungen von Elke Knittel, die, jüngst verstorben, in ihren Büchern historische und kulturelle Kenntnisse und Erkenntnisse in unser heutiges Leben übersetzt hat. Ihr möchte ich gern ein Denkmal setzen – auch in der Wiederentdeckung der schwäbischen »Sprengerla«.

Springerle kann man übrigens mit Lebensmittelfarben auch anmalen. Sogar mit Blattgold kann man sie verzieren, das kann man tatsächlich essen. »Des isch aber net neidig – weil a arge Völlerei und Verschwendong. Es isch a Send!!« Wir sind halt Schwaben.

Wenn alles gut geht und man trotzdem nicht aufpasst – send »Sprengerla« halt »bockelhart«. Dagegen hilft nur ein Tipp: Nach dem Backen einzeln in Alufolie einfrieren und eine Stunde vor dem Verzehr langsam auftauen lassen. Dann kann man sie essen. Wenn's klappt. Oder man legt wie beim Tabak, damit er nicht austrocknet, einen frischen Apfelschnitz in die Blechkiste mit den Springerle. Eine Blechkiste muss es schon sein, wegen dem Austrocknen. Nach dem Apfelschnitz sollte man auch sehen und ihn frühzeitig auswechseln – wegen dem Schimmel.

»Alles hat seine Zeit!« schreibt der Prediger. Der Wein, das Essen, das Leben, die Liebe.

»Bloß Sprengerla hebet fir emmar – halt bockelhart«. Also ja nicht verzweifeln!

Schwäbische Rezepte

Schwäbischer Wurstsalat

400 g Schwarzwurst, 400 g Fleischwurst
2 große Zwiebeln
1 TL scharfer Senf
10 EL Fleischbrühe oder Gemüsebrühe
5 EL Weißweinessig
5 EL pflanzliches Öl
frisch gemahlener Pfeffer
Salz

Eine Salatsauce aus Essig, Brühe, Öl, Senf, Pfeffer und Salz
zubereiten. Die Schwarzwurst in dünne Scheiben schneiden.
Die Pelle der Fleischwurst entfernen und in Streifen
schneiden.
Die Wurst mit der Marinade vermengen und eine Stunde
ziehen lassen.
Die Zwiebeln fein hobeln und unter den Salat heben.
Den Salat pikant abschmecken.

Deie (Rahmkuchen)

Teig:
1 kg Mehl (Weizen 1050 oder Dinkel)
2 Päckchen Trockenhefe
30 g Salz
600 ml Wasser
Belag:
150 g Mehl
300 g Sauerrahm
2 Eier
2 TL Salz
Pfeffer
Knoblauchpulver oder fein gehackten frischen Knoblauch
3 große Zwiebeln
Schnittlauch oder Lauch
200 g geräucherter Speck oder Schinken
Kümmel

Aus den Zutaten einen Hefeteig herstellen und ca. 1 Std. gehen lassen. Mit nassen Händen 8–10 Portionen abteilen und nochmals 10 Min. ruhen lassen.
Mehl, Sauerrahm, Eier, Salz und Gewürze zu einem sämigen Teig verrühren. Die Zwiebeln in Ringe schneiden, in etwas Butter andämpfen und dazugeben. Zum Schluß etwas Schnittlauch oder feingeschnittenen Lauch, unterheben.
Aus den Teigportionen längliche Fladen formen, auf ein mit Mehl bestäubtes Backblech legen, und mit dem Belag bestreichen. Den in kleine Würfel geschnittenen Speck und evtl. etwas Kümmel darüberstreuen. Im Backofen bei 250 °C ca. 20 Min. backen.
Statt Speck kann man auch frische Kräuter oder Lachs als Belag wählen.

Zwiebelkuchen

Hefeteig:
300 g Mehl
20 g Hefe
1/8 l lauwarme Milch
80 g Butter
1 TL Salz

Belag:
1,5 kg Zwiebeln
100 g durchwachsener Speck
1/4 l saure Sahne
4 Eier
1 Prise Salz
1 El Kümmel

Aus den Zutaten einen Hefeteig herstellen und 30 Min. gehen lassen.

Den Backofen auf 200 °C vorheizen.
Die Zwiebeln in Ringe schneiden.
Den Speck würfeln und in einer Pfanne ausbraten, die Zwiebeln zugeben und glasig werden lassen.
Den Teig auf einer bemehlten Fläche ausrollen und das Backblech damit belegen.
Die saure Sahne mit den Eiern, dem Salz und dem Kümmel verquirlen, die Zwiebelmischung untermengen und die Masse auf dem Teig verteilen.
Den Kuchen weitere 15 Minuten gehen lassen, auf der mittleren Schiene 20–30 Minuten backen.

Spätzle

6 Eier
50 g Hartweizen oder Dinkelgrieß
1 TL Salz
500 g Weizenmehl Typ 405 oder 505 oder Dinkelmehl

Die Zutaten in eine Schüssel geben und zu einem Teig
verrühren bis er Blasen wirft. Der Teig hat die richtige
Konsistenz, wenn er zäh vom Löffel fließt ohne zu reißen.
Den Teig ca. ½ Stunde stehen lassen.
Gesalzenes Wasser in einem großen Topf zum Kochen
bringen.
Brett und Schaber im kochenden Wasser anfeuchten. Eine
Portion Teig auf das Brett geben und mit dem Schaber glatt
streichen. Das Ende des Bretts knapp über die Wasseroberfläche halten und mit dem Schaber rasch kleine Stücke von
dem Teig in das Wasser schieben. Sobald die Spätzle an der
Wasseroberfläche schwimmen sind sie gar. Die Spätzle mit
dem Schaumlöffel abschöpfen und kurz in eine Schüssel mit
klarem, heißem Wasser geben. Anschließend die Spätzle gut
abgetropft lassen und in einer Schüssel warm stellen.
Das Ganze solange wiederholen bis der Teig verarbeitet ist.

Sonntagsbraten mit Soße

1 kg Rinderbraten
2 Zwiebeln
2 Karotten
1 Stück Knollensellerie
Petersilie
1 Paprikaschote
Salz und Pfeffer
5 EL Öl
Saucenbinder
Wein oder Brühe
Sahne oder Crème fraîche

Den Braten abwaschen und abtrocknen und von allen Seiten
kräftig mit Salz und Pfeffer einreiben. Das Gemüse putzen und
in grobe Stücke zerteilen.
Das Öl in einem Topf erhitzen und das Fleisch von jeder Seite
kräftig anbraten. Das Gemüse und die Petersilie zugeben und
ebenfalls anbraten.
Mit einem guten halben Liter Wein ablöschen, auf niedrige bis
mittlere Hitze runterschalten und bei geschlossenem Deckel
gut zwei Stunden köcheln lassen. Ab und zu etwas Flüssigkeit
nachgießen, wenn nötig.
Den Braten herausnehmen und zur Seite stellen. Das Gemüse
mit einem Schaumlöffel herausheben und in ein Sieb geben,
so gut wie möglich passieren. Die Sauce gut verrühren, aufkochen und mit Saucenbinder binden. Jetzt abschmecken und
nach Belieben mit Sahne oder Crème fraîche verfeinern.
Dazu gibt es Spätzle und Kartoffelsalat.

Schwäbischer Zwiebelrostbraten

4 Scheiben gut abgehangener Rostbraten mit Fettrand
4 Zwiebeln
Salz und Pfeffer
Öl und 3 EL Butter zum Anbraten
Gut ¼ l Fleischbrühe
1 Glas trockener Rotwein
3 EL Soßenbinder
2 EL saure Sahne

Zwiebeln schälen und in feine Ringe schneiden. Butterschmalz oder Öl in einer Pfanne erhitzen.
Die Zwiebeln darin hellbraun braten und warm halten.
Die ungesalzenen Fleischscheiben etwas flachdrücken, dabei den Fettrand mit einem Messer etwas einschneiden und scharf anbraten.
Umdrehen, die Hitze reduzieren und langsam fertig braten lassen.
Nach Geschmack halb oder ganz durchbraten lassen.
Salzen und pfeffern, herausnehmen und in Alufolie im Backofen warm halten.
Den Bratensatz mit Fleischbrühe und Wein loskochen.
Mit Salz und Pfeffer kräftig würzen.
Mit Soßenbinder und saurer Sahne binden.
Rostbraten mit ausgelaufenem Bratensatz wieder in die Pfanne legen.
Jede Fleischscheibe mit den gebratenen Zwiebeln bedecken.
Dazu werden handgemachte Spätzle und ein grünen Salat serviert.

Gaisburger Marsch

je 500 g Rindfleisch und Suppenknochen
1 Bund Suppengemüse
1 an der Schnittfläche geröstete Zwiebel
300 g kleingeschnittene Kartoffeln
1 Bund Schnittlauch
gekochte Spätzle

Die Suppenknochen mit Petersilie, Lorbeerblatt, Pfefferkörner, Salz und gekörnter Brühe in 1½ Liter Wasser aufkochen. Das Rindfleisch zugeben. Ca. 2–2½ Stunden sieden lassen. Fleisch aus der Brühe nehmen. Brühe durch ein Sieb gießen. Kleingeschnittene Kartoffeln, Lauch, Sellerie und Karotten in der Brühe langsam garen, Suppenfleisch würfeln und in die Brühe geben. Kurz vor dem Servieren in Butter geschwenkte Spätzle und gebräunte Zwiebelstreifen untermischen. Mit Schnittlauch bestreuen.

Schwäbischer Kartoffelsalat

500 g festkochende Kartoffeln
2 große fein gehackte Zwiebeln
1 EL Senf
125 ml Brühe, heiß
1 Msp. Muskat
Salz
Pfeffer
Essig (Weißweinessig)
Öl

Kartoffeln in der Schale kochen, anschließend pellen. Noch warm in hauchdünne Scheiben schneiden, mit den Zwiebeln mischen. Anschließend die heiße Brühe hinzugeben mischen, Öl, Senf und Essig hinzugeben, mischen und mit Salz, Muskatnuss und Pfeffer abschmecken, noch warm essen.
Man kann auch Gurken untermischen.

Schupfnudeln

500 g gekochte Kartoffeln vom Vortag
500 g Mehl
1 Ei
4–5 EL Mehl
Prise Salz, Muskat
2 l Wasser
1 EL Salz

Die Kartoffeln zerdrücken. Mit dem Mehl, dem Ei, etwas
Muskat und einer Prise Salz zu einem festen Teig kneten.
Auf einem bemehlten Brett zu etwa 5 cm langen, fingerdicken
Würstchen formen. An den Enden etwas verschlanken.
In kochendes Salzwasser legen. Sobald die Schupfnudeln an
der Wasseroberfläche schwimmen, mit einem Schaumlöffel
herausheben, abtropfen lassen und auf einem Brett trocknen
lassen.
Die Schupfnudeln in etwas Fett in einer Pfanne goldbraun
braten. Als Beilage zum Braten oder mit Sauerkraut servieren.

Maultaschen in der Brühe

5 Brötchen
4 Eier
2 Eigelb
1 kg gehackter Spinat
1 kg gemischtes Hackfleisch
200 g geräucherter Speck
Majoran, Muskatnuss
1 kg Nudelteig
1 Bund Petersilie
Salz, Pfeffer
200 g Zwiebel

Speck und Zwiebel fein würfeln und in einer heißen Pfanne anbraten. Erkalten lassen. Die Brötchen in Wasser einweichen und ausdrücken. Petersilie fein hacken.

Hackfleisch, Spinat, Speck, Zwiebel, Brötchen, Petersilie und Eier gut vermischen und mit den Gewürzen abschmecken. Den Nudelteig ausrollen, mit der Füllung aufstreichen, dabei einen Rand freilassen und mit Eigelb bestreichen. Teigbahn übereinander schlagen, Ränder fest andrücken und Maultaschen abtrennen. In schwach köchelndem Salzwasser ca. 10–12 Minuten ziehen lassen. Mit einem Schaumlöffel herausnehmen und auf ein Brett legen.
Anschließend in einer kräftigen Fleischbrühe mit gerösteten Zwiebelwürfeln und Schnittlauch servieren.

Saure Kutteln

1 kg Kutteln
½ Zwiebel
40 g Butterschmalz
50 g Mehl
3–4 EL Tomatenmark
½ l Fleischbrühe
Salz
Pfeffer
2–3 EL trockener Wein (Riesling oder Silvaner)
1 EL Weinessig
Petersilie

Die vorgekocht gekauften Kutteln waschen und in feine
Streifen schneiden. Kleingeschnittene Zwiebel in Butterschmalz glasig dünsten, die Kuttelstreifen hinzugeben und
etwa 15 Minuten unter Rühren leicht anbraten. Anschließend
mit Mehl bestäuben und weiterrühren. Nach etwa 10 Minuten
das Tomatenmark beigeben und mit der Fleischbrühe
ablöschen. Danach müssen die Kutteln noch etwa ½ Stunde
köcheln. Abschließend mit Salz, Pfeffer, Wein und Essig
abschmecken. Vor dem Servieren feingehackte Petersilie
darübergeben.

Saure Kartoffelrädle

1 kg lauwarme Pellkartoffeln
2 EL Butter
2 EL Mehl
2 Schalotten
1 l Rinderbrühe oder Gemüsebrühe
Rotweinessig
0,1 l trockener Rotwein
1 Lorbeerblatt
1–3 Nelken
10 Pfefferkörner
frisch gemahlener Pfeffer
Salz

Die Fleischbrühe herstellen.
Die Schalotten fein wiegen und mit Butter und Mehl eine helle Einbrenne machen, mit der Fleischbrühe ablöschen.
Alle Gewürze und restliche Zutaten, außer dem Essig, zugeben und ca. 20–30 Min alles gut durchköcheln.
Die Sauce durch ein Feinsieb geben.
Die noch warmen Pellkartoffeln in dünne Scheiben schneiden.
Die Kartoffeln zufügen und das Gericht nur noch gut erwärmen.
Die Sauce mit dem Essig pikant abschmecken.

Flädle

Eine gehäufte Tasse Mehl, ein Ei, eine Tasse Milch mit ein wenig Salz und Muskat zu einem glatten Teig verrühren.

Die Pfanne heiß werden lassen und ein wenig Fett darin zerfließen lassen. Dann den Teig mit einem Schöpflöffel vorsichtig in die Pfanne geben, so dass der Boden gerade bedeckt ist. Auf beiden Seiten ausbacken, bis die Pfannkuchen goldbraun werden.

Schwäbische Flädlesuppe

1 l Gemüse- oder Fleischbrühe
2 Flädle
etwas kleingeschnittener Schnittlauch

Die Flädle zusammenrollen und in feine Streifen schneiden. Die Brühe erhitzen, die Flädle hineingeben und kurz ziehen lassen, nicht kochen. Mit dem Schnittlauch bestreuen und servieren.

Nonnenfürzle

0,25 l Vollmilch
80 g Butter
20 g Zucker
250 g Weizenmehl (Type 405)
1 TL Backpulver
4 Eier
1 Prise Salz
2 l Pflanzenöl zum Ausbacken

Die Milch mit Butter, Salz und Zucker aufkochen.
Das Mehl auf einmal zugeben, mit einem Holzlöffel so lange rühren, bis sich der Teig vom Topfboden löst und sich an diesem eine weiße Schicht gebildet hat.
Den Topf vom Herd nehmen und die Eier nacheinander gründlich unter den Teig rühren.
Das Backpulver dazugeben, unterrühren und den Teig abkühlen lassen.
Mit einem Teelöffel kleine Klößchen abstechen und schwimmend im 180 °C heißen Fett goldgelb ausbacken.
Das Gebäck auf Küchenpapier zum Abtropfen geben.
Mit Puderzucker, Apfelmus, Eis, Sahne oder Fruchtsoße servieren.

Hefezopf

500 g Mehl
20 g frische Hefe
¼ l warme Milch
80 g Zucker
1 P. Vanillezucker
1 Ei
½ Teelöffel Salz
75 Butter
1 unbehandelte Zitrone
etwas zerlassene Butter
Mandelstifte

Mehl in eine Rührschüssel mit Salz und Zucker mischen.
Milch in einen Topf gießen und leicht erwärmen. Frische Hefe
in der Milch auflösen und Butter darin schmelzen. Hefemilch
unter das Mehl kneten. Ein Ei zufügen und unter den Hefeteig
kneten. Mit fein abgeriebener Zitronenschale einer unbehan-
delten Zitrone würzen. Evtl. noch etwas Mehl zufügen, bis sich
der Teig locker vom Schüsselrand löst. Schüssel zudecken und
30 Min. gehen lassen. Den Teig nochmals durchkneten, in drei
gleich große Stränge teilen und zu einem Zopf flechten.
Den Teig weitere 15 Min. gehen lassen. Mit zerlassener Butter
bestreichen und mit Mandelstiften bestreuen. Bei 180 °C etwa
eine halbe Stunde backen.

Kratzete

2 Bd. Petersilie
3 Eier
180 g Mehl
300 ml Milch
Salz, Pfeffer und Muskat

Ein Bund Petersilie fein hacken. Ein Ei trennen und das Eiweiß
steif schlagen. Aus Mehl, Milch, den restlichen Eiern und dem
Eigelb einen Pfannkuchenteig herstellen. Mit Salz, Pfeffer und
Muskat würzen, die gehackte Petersilie untermischen und den
Eischnee unterheben.
2 EL Öl in einer großen Pfanne erhitzen. ¼ des Teiges hinein-
geben und bei mittlerer Hitze etwa 5 Minuten braten. Nach
dem Wenden noch 2–3 Minuten weiterbraten, dann den
Pfannkuchen mit zwei Holzlöffeln in kleine Stücke zerreißen
und die Kratzete goldbraun fertig backen, warmstellen.
Mit dem übrigen Teig ebenso verfahren. Mit gehackter
Petersilie bestreuen und servieren.

Kratzete mit frischen Früchten oder Apfelkompott

2 Eier
⅜ l Milch
250 g Mehl
Butterschmalz oder Sonnenblumenöl zum Backen
1 EL Zucker
500 g frische Beeren oder Apfelkompott

Aus den Zutaten einem Teig herstellen. Etwas Fett in einer
Pfanne heiß werden lassen. Ein Viertel des Teiges in die Pfanne
gießen und beidseitig braten bis jede Seite etwas Farbe hat.
Mit zwei Holzlöffeln den Pfannkuchen in Stücke rupfen. Den
Zucker zugeben und leicht karamellisieren. Auf einer Platte
im Ofen warm halten und die übrigen Teigportionen nach
dem gleichen Prinzip verarbeiten. Zum Schluss die Kratzete
auf Teller verteilen, mit den frischen, leicht gezuckerten
Früchten oder mit Apfelkompott servieren.

Mutscheln

1 kg Mehl
50 g Hefe
0,5 l lauwarme Milch
20 g Salz
100 g Zucker
200 g Butter
etwas Eigelb

Das Mehl in eine Schüssel geben. Aus Hefe, etwas Milch und Mehl in der Mitte einen Vorteig herstellen. Nach dem Gehenlassen die anderen Zutaten untermengen und alles zu einem festen Teig verarbeiten. Etwas Teig für die Dekoration der Mutschel bei Seite stellen. Aus dem restlichen Teig eine Kugel formen, flach drücken und vom Rand her in gleichmäßigen Abständen acht mal einschneiden, so dass durch Herausziehen (wie bei einem Stern) acht Zacken entstehen. Aus dem bei Seite gestellten Teig einen Kranz flechten und um die Mitte legen. Auf ein mit einem Backpapier ausgelegtes Blech legen, nochmals 15 Min. gehen lassen und mit Eigelb bestreichen. Im auf 200 °C vorgeheizten Backofen, etwa 25 Minuten backen.

Ofenschlupfer

4 Doppelbrötchen
1 Apfel
50 g Zucker
50 g wahlweise Rosinen
50 g gehackte Mandeln
2 Eier
½ l Milch

Die Brötchen in Scheiben schneiden. Den Apfel schälen, das
Kerngehäuse entfernen und in Scheiben schneiden. In eine
gefettete Auflaufform abwechselnd eine Lage Brötchen-
scheiben und darüber eine Lage Apfelschnitze legen.
Mit Zucker, Rosinen und Mandeln bestreuen. Die Eier mit der
Milch verrühren und darüber gießen. Die Eier-Milch etwas
einziehen lassen. Dann den Auflauf im auf 180 °C vorgeheizten Ofen ca. 35 bis 45 Min. backen.

Dazu Vanillesauce servieren:
¼ l Milch
3 Eigelb
60 g Zucker
2 Vanilleschoten

Das Mark der Vanilleschoten und den Zucker in die Milch
geben und diese zum Kochen bringen. Die drei Eigelb unterrühren und solange weiterrühren, bis die Sauce beginnt dick
zu werden. Dann sofort den Topf von der Herdplatte nehmen
und weiterrühren bis die Soße nur noch lauwarm ist.

Pfitzauf

250 g Mehl
½ l Milch
4 große, sehr frische Eier
Prise Salz
2 Esslöffel zerlassene Butter
1 Esslöffel Zucker (nach Belieben)

Eine gebutterte Pfitzaufform mit 6 Mulden oder Kaffeetassen
bereitstellen.
Aus Mehl, Eiern und der Milch mit Salz und Zucker einen
glatten Teig rühren. Zuletzt die zerlassene, etwas abgekühlte
Butter zugeben.
Den Teig auf die ausgebutterten Förmchen verteilen (maximal
zur Hälfte füllen). In den mit 200 Grad gut vorgeheizten
Backofen auf die mittlere Schiene stellen. Backzeit zirka 40 bis
50 Minuten. Die Backofentür während der Backzeit nicht
öffnen, sonst fällt der Pfitzauf zusammen!
Den Pfitzauf in der Form lassen und sofort heiß auftragen.
Erst bei Tisch aus dem Förmchen heben und auf den Tellern
verteilen.

Schoddo-Soße

3 Eier
60 g Zucker
180–200 ml Weißwein
1 TL Zitronensaft
1 TL Mondamin

Alle Zutaten in einem großen Topf verrühren. Mit dem Schneebesen im heißen Wasserbad aufschlagen bis die Soße leicht andickt. Nicht kochen lassen.

Schwäbisches Hutzelbrot

500 g gedörrte ganze Birnen (Hutzeln)
500 g getrocknete Zwetschgen
40 g frische Hefe
1000 g dunkles Weizenmehl (Typ 1060)
250 g Zucker
500 g getrocknete Feigen
125 g Orangeat
125 g Zitronat
250 g Haselnüsse
250 g Walnüsse
250 g Mandeln, ungeschälte, gemahlene
250 g Sultaninen
250 g Rosinen
30 g Zimt, gemahlen
1 EL Anis, gemahlen
1 Prise Salz
2 Liter Apfelsaft oder schwäbischen Most
20 ganze, gehäutete Mandeln

Die Hutzeln (getrocknete Birnen) in einem Topf mit 1–2 Liter Apfelsaft oder Most über Nacht einweichen. Am nächsten Tag weich kochen. Evtl. etwas Flüssigkeit während des Kochens nachfüllen, damit die Hutzeln immer gut bedeckt sind.
Zwetschgen und Feigen in Würfel schneiden, Orangeat, Zitronat sowie Haselnüsse und Walnüsse klein hacken.
In einer großen Schüssel mit den gemahlenen Mandeln, den gewaschenen Sultaninen und Rosinen mischen. Zimt, Anis und Salz darüber streuen. Die abgetropften Hutzeln klein-schneiden, zu den übrigen Zutaten geben und gut mischen. Die Hutzelbrühe aufbewahren.

Für den Vorteig einen Teil der Hutzelbrühe mit Hefe, etwas Zucker und Mehl mischen und aufgehen lassen. Den restlichen Zucker mit dem Vorteig zu den Früchten und Nüssen in die Schüssel geben. Alles mischen. Nach und nach das Mehl zugeben. Der Teig soll leicht klebrig, aber formbar werden, dafür evtl. etwas Hutzelbrühe zugießen. Danach die Schüssel abdecken und den Teig darin einige Zeit gehen lassen. Sobald das Mehl Risse bekommt, den Teig nochmals durchkneten und 7–8 gleichgroße Laibe daraus formen. Diese auf ein mit Backpapier ausgelegtes Backblech legen. Die Mandeln teilen und auf die geformten Laibe drücken. Mit einem Tuch abdecken und über Nacht ruhen lassen.

Am anderen Tag die Hutzelbrote im auf 220° (Umluft 190°) vorheizten Backofen ca. 50 Minuten backen. Evtl. die Temperatur reduzieren, wenn die Brote zu dunkel werden. Noch warm mit der restlichen Hutzelbrühe bestreichen und abkühlen lassen.

Vor dem ersten Anschneiden einige Tage durchziehen lassen. Mit Butter bestrichen schmeckt das Hutzelbrot besonders gut.

Springerle

4 Eier
500 g Zucker
500 g Mehl
1 Msp. Hirschhornsalz
Anis
Mehl für die Formen

Die Eier mit dem Zucker schaumig rühren. Dann das Mehl und das Hirschhornsalz zugeben und den Teig gut durchkneten und kalt stellen.

Holzmodel gut mit Mehl einstäuben, eine kleine Portion Teig auf das Model legen und vorsichtig mit einer Teigrolle den Teig darüber ausrollen. Das Springerle vorsichtig aus der Form lösen und auf ein mit Backpapier und Anissamen betreutes Backblech legen. Das Backblech mit den Springerle mindestens eine Nacht in einem warmen Raum trocknen lassen und am nächsten Tag im bei 150 °C vorgeheizten Backofen ca. 15–20 Min. backen.

Ergibt ca. 40–50 Springerle.

Literaturhinweise und Empfehlungen

Wertvolle Anregungen habe ich entnommen:

Elke Knittel/Rolf Maurer, Spätzle, Maultaschen & Co., 2006, 2. Auflage, Eugen Ulmer KG.

Frank Gerhard, Kulinarische Streifzüge durch Schwaben, Sigloch Edition, 1997

Hans-Dieter Reichert, Dieter Wägerle, Schwaben – Kulinarische Streifzüge, Sigloch Edition, 2005

www.schmeck-den-sueden.de

Noch mehr Schwäbisches von Jürgen Kaiser

Jürgen Kaiser

Warum Schwaben alles können – wenn sie wollen

Historische Streifzüge in Schwaben

Edition
Gemeindeblatt

Jürgen Kaiser

Warum man einen Schwaben zum Freund haben sollte

Streifzüge durch die schwäbische Mentalität

Edition
Gemeindeblatt

»Die gute alte Zeit« im Ländle, die so gut gar nicht war, steht im Mittelpunkt diese Buches. Erzählt wird von Schwaben, von ihrem Ruf als Tüftler, Sparstrümpfe und Eigenbrödler. Selbst eingefleischte Schwaben können von den amüsanten Episoden noch Neues über die Geschichte Württembergs lernen. Und Nicht-Schwaben werden ihre schwäbische Nachbarn besser verstehen. Wertvoll sind die Informationen für alle.

Zum Selberlesen und Verschenken, die Freude ist garantiert.

ISBN 978-3-920207-12-2

In diesem Buch geht es um die oft falsch gedeuteten Eigenarten der Schwaben. In der Tat dauert es lang, bis man mit Schwaben Freundschaft schließt. Wenn sie aber gewachsen ist, hält sie wirklich ewig.
Dieser Band ist reich an Aha-Effekten und zeigt, wie man sich die Herzen der süddeutschen »Schaffer« dauerhaft erobern kann.

Wertvoll für Schwaben wie für Nichtschwaben.
Ein Geschenk, das Freude bringt und Freunde macht.

ISBN 978-3-920207-20-9